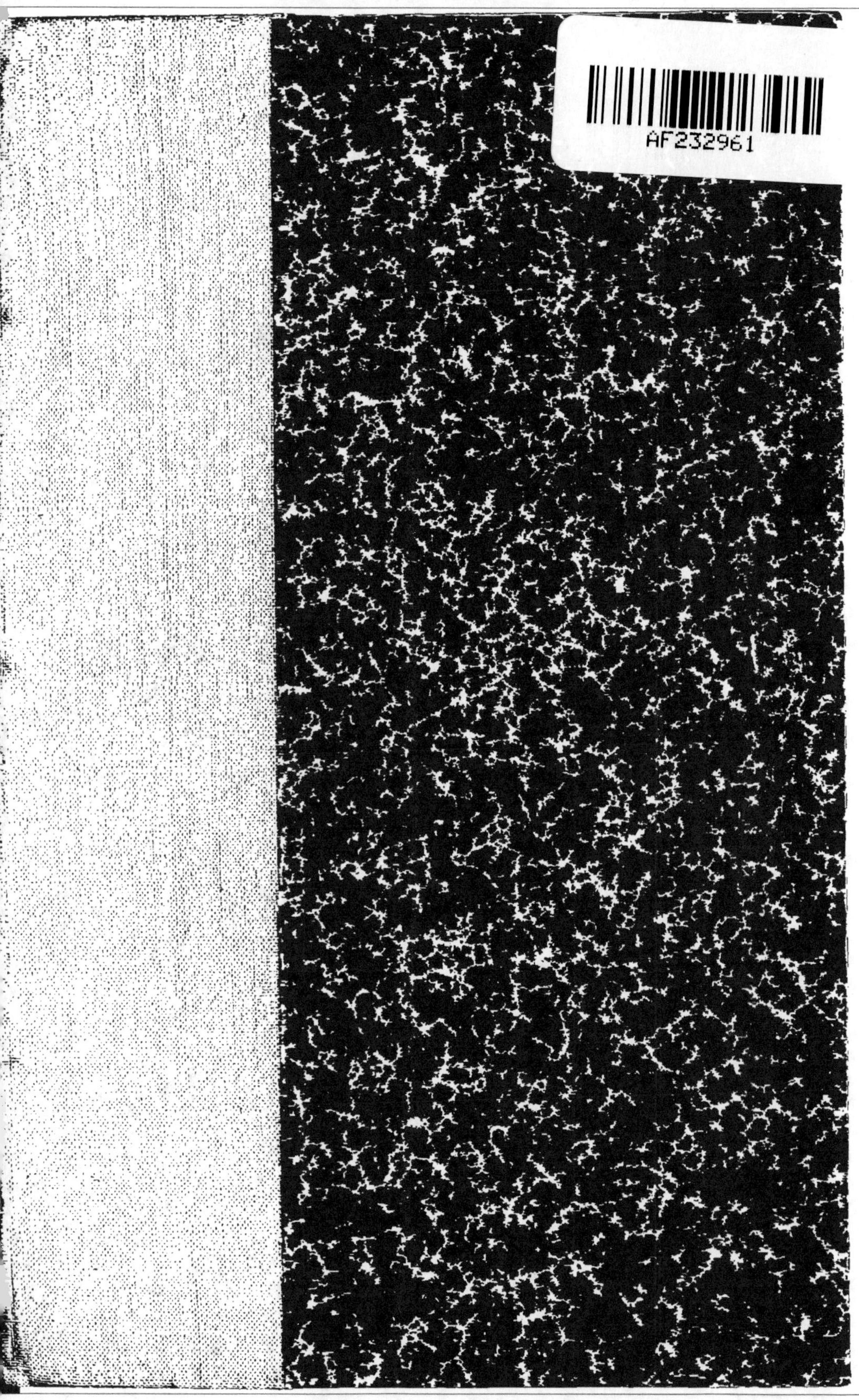

AF232961

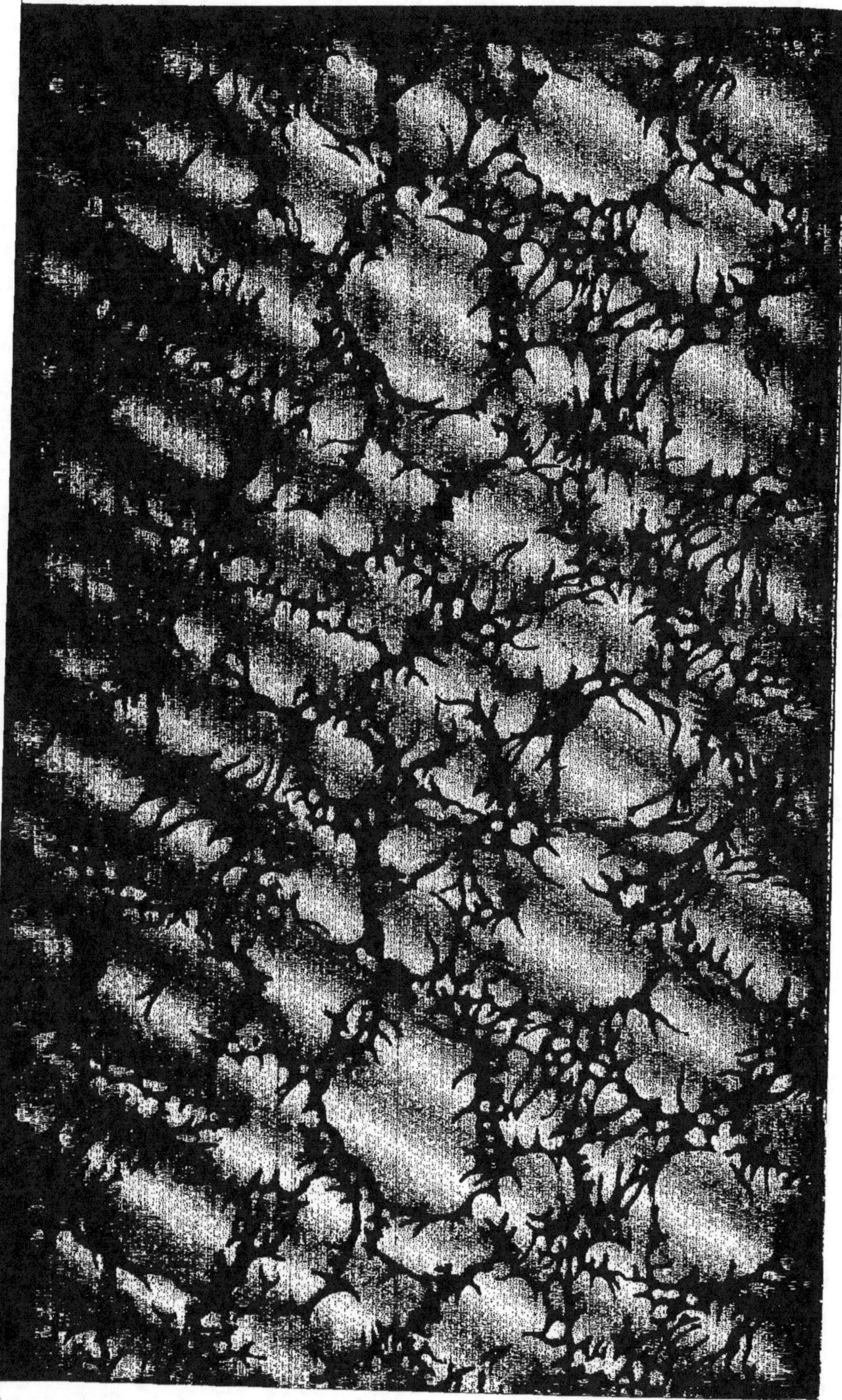

BERTHE DE MORNAY

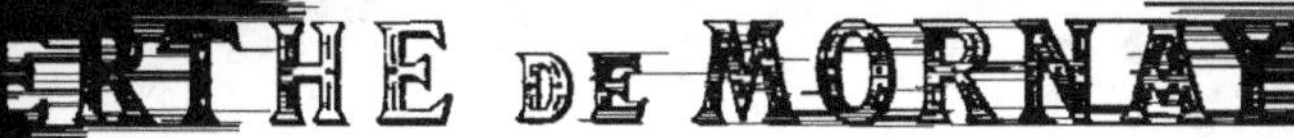

FILLE DE LA CHARITÉ

SA VIE ET SES ÉCRITS

précédés d'une préface

PAR

NATALIS DE WAILLY

Membre de l'Institut.

Imp. Merckel, 18, rue St Placide, Paris.

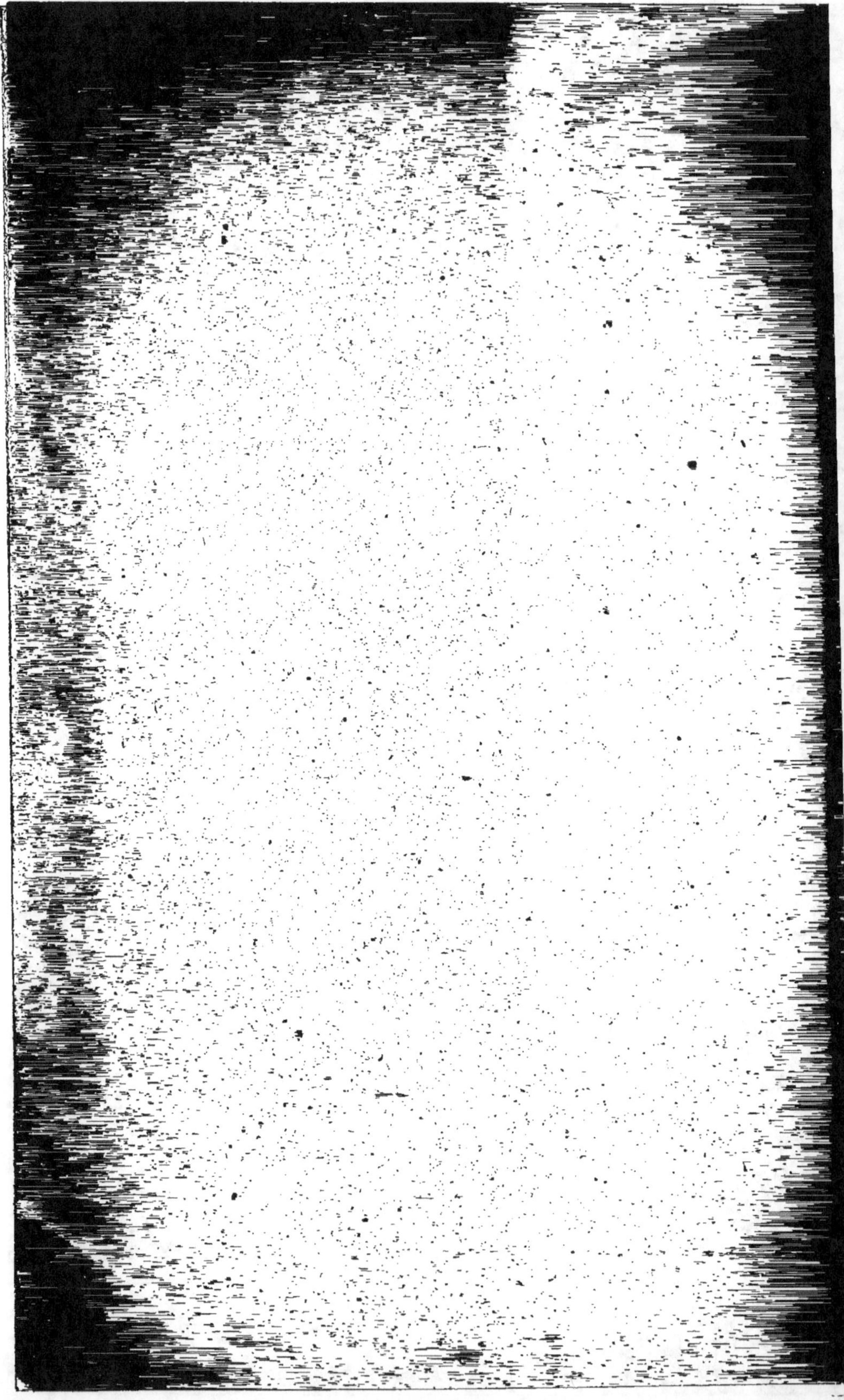

BERTHE DE MORNAY

FILLE DE LA CHARITÉ

SA VIE ET SES ÉCRITS

précédés d'une préface

PAR

NATALIS DE WAILLY

Membre de l'Institut.

Préface.

Ce volume n'était pas destiné à voir le jour : l'âme d'élite qui l'a écrit n'avait pas d'autre but que de se rendre compte d'une transformation opérée en elle par la grâce, et des progrès qu'elle avait à faire dans la voie de la perfection religieuse. Il ne faut donc pas s'attendre à trouver ici rien qui ressemble à une œuvre littéraire, dont le plan ait été arrêté à l'avance et le style poli par le travail.

On n'y rencontrera que des fragments, d'étendue et de forme diverses, qui se succèdent, dans l'ordre des dates, à des intervalles inégaux. Ceux qui liront ces examens de conscience, faits en présence de Dieu, ces méditations pieuses, ces actions de grâces, ces regrets, ces épanchements, ces protestations de patience, entrecoupées par quelques cris de douleur, n'y verront pas une page qui ne fût destinée à rester secrète. Ce n'est donc pas seulement un livre de bonne foi, c'est un livre de candeur et de simplicité, c'est le reflet d'une âme qui se montre sans voile à son Créateur ou aux regards discrets de l'amitié.

D'où vient qu'on s'est décidé à trahir un tel secret, à tirer cette âme de l'ombre où elle s'était cachée, et à la donner en spectacle au monde ? C'est parce qu'elle a quitté la terre, en y laissant des exemples dignes d'être médités par d'autres âmes, qui peuvent à leur tour être transformées par la grâce et attirées dans la voie de la perfection.

Par une heureuse fortune, j'ai eu entre les mains la copie des pages éparses qu'on a pu recueillir après la mort de la Sœur Berthe, et la Notice où sont retracées les quatre dernières années de sa vie.

D'autres personnes, qui avaient obtenu avant moi la même communication, avaient jugé qu'au lieu de renfermer une telle lecture dans le cercle étroit de l'intimité, il fallait la propager au loin, par la voie de l'impression. Un seul obstacle s'y opposait : l'auteur de la Notice ne consentait à publier lui-même ni son propre travail, ni les fragments et les lettres qu'il avait recherchés et réunis avec une pieuse persévérance. C'est à son défaut que je me suis chargé de remplir cette tâche.

Comme un auteur qui refuse de se nommer, ne consent pas non plus à être loué, je ne dirai de la Notice que ce qui est indispensable pour expliquer les services qu'elle peut rendre au lecteur. Si les écrits et les lettres de la Sœur Berthe apprennent beaucoup sur l'état de son âme, en revanche ils ne disent presque rien des incidents qui ont précédé et suivi sa profession religieuse. Il fallait donc combler cette lacune, rattacher par un récit continu ce qui n'avait pas de lien apparent, et donner à chacune de ces pages toute sa signification en la rapprochant des circonstances qui l'avaient inspirée. C'est ce qui a été fait avec une exactitude scrupuleuse.

On verra ce qu'était Mademoiselle de Mornay avant sa conversion, ce qu'était devenue Sœur Berthe au jour de sa mort; on pourra mesurer tous les progrès accomplis par elle, et la suivre du regard dans sa marche rapide à travers tous les obstacles qu'elle avait à franchir.

Le premier de tous était l'orgueil d'un esprit indépendant et sceptique. Catholique de naissance, elle semblait avoir hérité de sa grand'mère, la Maréchale Soult, et des ancêtres de son père, un levain de protestantisme, qui avait fait naître en elle l'habitude (peu ordinaire chez les jeunes filles) de soumettre à la discussion d'un libre examen les dogmes et les pratiques de la religion.. Raisonneuse avec elle-même, elle l'était aussi avec les autres, et provoquait volontiers des controverses, pour y faire preuve d'indépendance et d'instruction. Engagée ainsi par une sorte de parti pris, elle l'était plus encore, peut-être, par la tenacité de sa volonté. Peu de temps avant sa conversion, dans une de ses disputes avec cette Sœur Louise qu'elle devait bientôt appeler son bon ange, elle disait, en parlant de son obstination : « Je suis Mornay en diable. »

Il y a des conversions qui se font subitement, à la suite d'une grande secousse morale : celle-ci se prépara avec lenteur et s'accomplir avec calme. Après de nombreuses conversations et de sérieuses lectures, Mademoiselle de Mornay prit enfin sa détermination; et ce fut alors qu'elle commença son Journal, qui est le premier et le plus important de ses écrits. Lente ou soudaine, une conversion est toujours un fait surnaturel qui échappe aux explications de la raison humaine; mais il est d'autant plus nécessaire de la constater avec certitude.

Là on trouvera réuni tout ce que peuvent exiger les esprits les plus difficiles. C'est le propre témoignage de Mademoiselle de Mornay, écrit de sa main, sous le regard de Dieu et dans le secret de sa conscience; témoignage d'une sincérité et d'une valeur incontestable. On ne dira pas qu'il émane ni d'un esprit affaibli par l'âge ou la maladie, ébranlé par la douleur, entraîné par l'imagination, ni d'une volonté faible ou d'une intelligence bornée. C'est un témoin qui est dans la force de la jeunesse et de la santé, qui n'a pas encore eu le temps de connaître le malheur, dont la raison est calme, la volonté ferme et l'intelligence éclairée. Telle apparaît Mademoiselle de Mornay dans ce Journal où, se rappelant ce qu'elle était, et considérant ce qu'elle est devenue, elle déclare ne pas se reconnaître elle-même.

Après ce Journal, écrit tout entier à Souli-Berg, où elle était arrivée si mauvaise chrétienne, et d'où elle devait repartir, non seulement convertie, mais décidée à se faire Fille de la Charité; on trouvera des *Réflexions sur l'Imitation de Jésus-Christ* qu'elle commença dans la même résidence, le 8 Octobre 1849, pour les continuer jusqu'à la fin d'Août 1850; d'abord à Paris, puis en Allemagne et enfin après son retour en France.

Ces méditations pieuses, qui sembleraient avoir été écrites dans le calme de la retraite, furent cependant interrompues par les incidents les plus douloureux. Il est permis de supposer que Mademoiselle de Mornay, prévoyant les luttes qu'elle aurait à soutenir contre la volonté de ses parents, s'était imposé la loi de ne plus s'abandonner, comme dans son *Journal*, au cours naturel de ses pensées; mais de les contenir par la lecture habituelle d'un livre qui pût consoler les douleurs de son âme et en calmer les agitations.

Muette sur les péripéties de ce drame où l'énergie de sa volonté réagit, jusqu'à l'excès peut-être, contre la contrainte de l'autorité paternelle, elle reprend la parole, après plus d'un an, le jour de sa prise d'habit, et consigne ses pensées. Il y avait longtemps alors que renonçant à la lutte, elle n'avait plus employé que la douceur et la persévérance pour gagner le consentement de ses parents; c'était de leur affection qu'elle avait attendu patiemment et obtenu enfin toute liberté pour sa vocation. Elle entrait avec autant de joie que de ferveur dans la carrière de la vie religieuse et n'apercevant plus rien qui pût l'arrêter, elle voyait s'ouvrir devant elle un long avenir consacré à la prière et au service des pauvres.

Dieu en avait décidé autrement : au bout de quelques mois la Sœur Berthe sentait décroître ses forces, et dans son impuissance à satisfaire le zèle qui la dévorait, elle ne se croyait plus qu'une servante inutile.

On chercha pour elle des résidences plus salubres, on imagina des emplois faciles, pour occuper son activité sans fatiguer sa faiblesse : rien ne pût arrêter les progrès de la maladie. Mais plus les souffrances augmentaient plus la malade les dominait à force de courage et de douceur. Ses écrits et ses lettres de 1852, prouvent que l'œuvre de sa transformation était accomplie; elle n'attendait plus que la mort, qui la trouva crucifiée, soumise, et louant Dieu.

Natalis de Wailly,
Membre de l'Institut.

NOTICE

Berthe de Mornay
Fille de la Charité.

I

St Amans. — Le Maréchal Soult. — Melle Berthe de Mornay.

Au sud du département du Tarn, sur les confins de l'Aude et de l'Hérault, s'étend une gracieuse vallée de cinq à six lieues de longueur, qui a pour bordure, d'un côté une haute chaîne de montagnes, tantôt boisées, tantôt nues et arides, et de l'autre, des collines couvertes d'une riche végétation. Vers le milieu de la vallée, dans un des sites les plus pittoresques, à peu près à égale distance entre les villes de Mazamet et de St Pons, se trouve le village de St Amans, devenu célèbre pour avoir donné le jour à l'un des plus grands Capitaines du premier Empire, Jean de Dieu Soult.

Même au milieu des honneurs de la Cour et des affaires de la guerre ou de la politique, l'illustre Maréchal n'oublia jamais le village où il était né; il aimait à y revenir de temps en temps et y faisait des séjours assez prolongés.

Pour avoir un pied à terre plus digne de sa brillante fortune, il fit restaurer et embellir la maison paternelle.

Là, il retrouvait sa mère, femme d'un grand sens et d'une piété solide, qu'il entoura de soins et d'affection, tant qu'elle vécut. Là aussi, habitait une de ses sœurs, Mademoiselle Sophie, qui survécut à son frère, et qui, avec sa nièce, Madame Louise Guiraud, seule hôte aujourd'hui de l'antique habitation, fut dans la paroisse un modèle de vertu chrétienne.

Le Maréchal avait deux enfants : un fils qui hérita de son titre de duc de Dalmatie et suivit la carrière diplomatique et une fille qui épousa M^r le Marquis de Mornay.

Un jour vint, où la modeste demeure des Soult ne parut plus digne de l'éminente position du Maréchal, ni suffisante pour recevoir les nombreux visiteurs qui affluaient à St Amans. Il fit alors construire, à l'extrémité du village, un château qui fut entouré d'un vaste et magnifique parc, planté d'arbres d'essences diverses et arrosé par les sources qui coulent de la montagne. Des mains habiles distribuèrent ces eaux dans la propriété, où elles serpentent en ruisseaux limpides, bondissent en cascades, ou se reposent en lacs paisibles et répandent partout, la fraîcheur et la fertilité.

Le château de Soult-Berg, ainsi appelé du nom du

Maréchal et de celui de sa femme, fut pendant bien des années comme une petite Cour, où le Ministre tout puissant se voyait entouré des personnages le plus haut placés.

Après la chute de Louis-Philippe, le Maréchal, rentré dans la vie privée, ne quitta presque plus St Amans; il y passa ses dernières années, avec la Maréchale, dans une solitude, dont la monotonie n'était rompue que par les rares visites d'amis du voisinage, ou le passage de quelques étrangers de distinction.

Dans le courant de Mai 1849, le château de Soult Berg était en fête; une animation inaccoutumée s'y faisait remarquer : il venait de recevoir une visite ardemment désirée : Mademoiselle Berthe de Mornay arrivait de Paris, avec l'intention de passer six mois auprès de ses grands parents. Bien douce fut la joie des deux vieillards, ils trouvaient réuni dans leur petite-fille tout ce qui pouvait flatter leur orgueil et satisfaire leur tendresse.

La Maréchale surtout était heureuse; elle allait jouir de la plus aimable société, pendant une absence un peu longue que devait faire le Maréchal.

Mademoiselle Berthe de Mornay était âgée de vingt ans. Bien faite de sa personne, de manières gracieuses et distinguées, douée d'une intelligence remarquable, qu'une éducation très soignée avait admirablement développée, possédant des connaissances étendues, en littérature et dans les sciences naturelles et philosophiques, parlant plusieurs langues, exercée à la musique, elle était l'idole de sa famille; son père avait, disait-on, refusé plusieurs partis très avantageux, qui se disputaient sa main, voulant jouir le plus longtemps possible de sa présence. Accueillie avec une faveur marquée dans les plus brillantes sociétés, recherchée pour son esprit et le charme de ses manières, flattée par tous ceux qui l'approchaient, elle aimait le monde, autant qu'elle en était aimée; elle se livrait avec l'ardeur de son âge et de son caractère à tout l'entraînement du plaisir. Et toutefois, elle sut se préserver de toute légèreté : inflexible sur l'honnêteté, jamais elle ne s'écarta des règles de la plus sévère modestie et ne souffrit de la part de personne l'ombre d'une familiarité déplacée. « On m'appelait prude » disait-elle plus tard. Mais ni les railleries, ni les flatteries, ne la firent dévier de la voie qu'elle s'était tracée. Sa mise était ordinairement fort simple: « Une personne de bon sens, disait-elle, ne doit pas se préoccuper de sa toilette. »

Son cœur était resté pur, mais son esprit était livré à tous les enivrements de l'orgueil. Fière de son nom, de son intelligence, de sa science « elle rêvait une fortune « immense qui pourrait lui donner toutes les jouissances du « luxe et tous les raffinements du confortable. » Indépendante par caractère, raisonneuse, avide de connaissances, elle avait lu beaucoup d'ouvrages dangereux, de romans, de livres où la religion était attaquée ; sa foi y avait fait naufrage ; elle était devenue sceptique, ne croyant plus à l'Église, n'ayant même sur la divinité de Jésus-Christ que des idées vagues, et se moquant à plaisir des pratiques de dévotion les plus autorisées.

Cependant, par égard pour certaines convenances, elle se confessait et faisait ses Pâques chaque année, mais sans y attacher d'importance, sans y apporter des dispositions sérieuses.

Non contente de vivre dans le doute et dans l'indifférence, elle cherchait volontiers l'occasion d'attaquer les personnes qui se montraient fidèles à observer les prescriptions de l'Église et ne craignait pas d'affirmer son incrédulité sur les points de la révélation que sa raison n'admettait pas : « Jusqu'alors, écrivait-elle, après sa conversion, j'avais « vécu entre deux extrêmes dangereux : le froid de la philo- « sophie mêlée de protestantisme et l'exagération révoltante « d'une dévotion toute politique et de mode. » Lorsqu'elle fut éclairée des lumières de la foi, elle remerciait Dieu d'avoir renversé cet échafaudage de fausses raisons, de coupable orgueil et de philosophie sophistique. « Cette raison, dont « j'étais si fière, m'étreignait dans la glace du scepticisme. »

— « Je me demande, écrivait-elle encore, sur quoi je « basais mes doutes et mes sophismes. Vraiment, en y

« réfléchissant, je reconnais que le plaisir de sembler être
« au-dessus de ce que j'appelais des puérilités, est le seul
« moteur qui m'a fait agir dans beaucoup de mes actions,
« qui m'a fait parler trop de fois. »

—— « L'orgueil, cet affreux péché qui perdit le genre
« humain, m'a seul conduite au doute. »

Il y avait aussi, au fond de cette incrédulité beaucoup d'ignorance, fruit d'une instruction religieuse très
incomplète. « Je savais tout, avouait-elle plus tard, excepté
« ce que j'aurais dû savoir. » Mademoiselle Berthe, en
venant à St Amans, était accompagnée de son institutrice, Mᵉˡˡᵉ C......, femme très capable et dévouée, qui
était pour elle une véritable amie ; mais qui malheureusement n'était chrétienne que de nom. Peu instruite
et à peu près indifférente, en fait de religion, elle ne
voyait dans le Christianisme qu'une doctrine philoso-
phique.

Sous l'influence de telles idées, elle attacha peu
d'importance à l'éducation religieuse de son élève, dont
elle dirigea l'intelligence presque exclusivement vers la
culture des lettres et des sciences profanes. Nous verrons
plus tard l'élève, devenue chrétienne et pieuse, employer
toutes les ressources de son esprit et de son cœur pour
amener sa maîtresse à partager ses sentiments.

II.

Rapports de Melle de Mornay avec les Filles de
la Charité de St Amans. — Ses discussions religieuses
avec Sœur Louise. — Sa conversion. — Son journal.
Ferveur de sa vie nouvelle.

L'arrivée de Melle de Mornay fit sensation dans
la contrée ; les châteaux de la vallée briguèrent à l'envi
l'honneur de sa visite, et pendant quelques semaines, ce
fut une série de fêtes, soit à Amans, soit aux alentours.
Berthe se prêtait à ces réjouissances avec sa grâce ordinaire et partout faisait admirer les avantages dont
elle était douée.

Quoiqu'elle aimât passionnément le grand monde,
où elle se trouvait dans son centre, elle lui échappait cependant quelquefois pour visiter une maison où tout faisait
contraste avec sa société habituelle ; cette maison était
l'hôpital, fondation due à la généreuse charité de sa
tante, Mme Guiraud. Quatre Filles de la Charité y
donnaient leurs soins à des vieillards et à des infirmes,
et faisaient l'école aux petites filles du village.

Melle de Mornay fit d'abord aux sœurs une visite
de politesse, puis elle revint les voir de temps en temps,
attirée par un certain charme, dont elle ne se rendait

compte. Il semblait que déjà un mystérieux instinct la portait à se rapprocher de ces sœurs, dont elle devait un jour revêtir l'humble habit et partager le dévouement.

Au début de ces relations, on ne pouvait guère soupçonner ce qui devait arriver dans la suite.

La conversation frivole de la jeune châtelaine, ses manières mondaines, plaisaient peu aux bonnes sœurs, qui ne dissimulèrent pas leur impression.

Loin d'attirer Melle Berthe, elles la recevaient froidement et volontiers l'auraient dispensée de ses assiduités. Celle-ci ne se rebuta point et rendit même ses visites de plus en plus fréquentes. Peu à peu, elle prenait quelque chose d'un milieu si nouveau ; elle entendait un langage inaccoutumé, voyait des choses qui la faisaient réfléchir, se familiarisait avec la vie chrétienne ; avec les sœurs elle se rendait à la chapelle, charmant sanctuaire, où tout porte à prier ; et se plaisait à y chanter des cantiques avec elles ; un cantique de Saint Vincent de Paul surtout faisait ses délices ; Berthe en vint même à aider les chères sœurs dans le soin des malades et l'instruction des enfants. La grâce faisant secrètement sentir son influence, on pouvait, de jour en jour, remarquer dans les dispositions de la jeune philosophe, un changement sensible.

Parmi les sœurs il y en avait une, sœur Louise, à

peine âgée de quelques années de plus que Berthe, intelligente, pieuse, bien élevée, qui avait particulièrement gagné ses sympathies et sa confiance. Une autre jeune compagne, sœur Joséphine, très fervente et très gaie par caractère, lui plaisait aussi beaucoup.

Sœur Louise était bientôt devenue pour elle une amie. Elles avaient fréquemment, dans une petite chambre donnant sur la campagne, de longs entretiens, où la sœur cherchait à faire dominer les pensées de la foi et où Berthe révélait toute son indifférence, ses doutes en matière de religion. Des discussions animées s'engageaient, la sœur s'efforçait de résoudre, du mieux qu'elle pouvait, les objections de son amie et de lui faire estimer ce qu'elle méprisait, en lui montrant la piété sous son véritable jour.

La lutte dura longtemps, mais insensiblement la lumière pénétra dans cette intelligence droite ; la grâce toucha ce cœur que le contact du monde n'avait pu flétrir. Ce qui fit sur elle une impression plus forte que tous les raisonnements, ce fut la vie que menaient les sœurs : cette fidélité invariable à la règle, cet oubli d'elles-mêmes, cette application de tous les instants à des devoirs pénibles, cette joie intérieure qui se reflétait sur leurs visages, cette douce gaieté qui ne se démentait jamais, cette union des cœurs ; tout cela l'étonnait, la faisait réfléchir ; elle comparait cette vie à celle du monde, et tout l'avantage était du côté de la religion.

A cette bonne influence, il faut ajouter celle qu'elle recevait de ses rapports fréquents avec ses pieuses tantes, avec ses cousines, les demoiselles de L....., de St Amans, et les demoiselles B....., de Castres. Les exemples qu'elle avait sous les yeux, le langage qu'elle entendait, lui révélaient peu à peu, la réalité de cette vie chrétienne, qu'elle avait jusque là regardée comme une illusion et une faiblesse d'esprit. Mais elle ne croyait pas encore qu'elle pût jamais en venir à imiter ces personnes, que pourtant elle aimait et estimait.

Un jour, dans un épanchement intime avec sœur Louise, elle laissa voir le changement qui s'était opéré dans son âme ; elle avoua qu'elle n'était pas aussi heureuse qu'on le pensait ; qu'elle avait des moments de tristesse, d'ennui profond ; que ce monde, qui la charmait, lui inspirait souvent du dégoût : elle y avait vu tant de fausseté, tant de honte cachée sous de beaux dehors !... « Mais, ajouta-t-elle toute émue, comment « se fait-il donc que vous, avec une vie si monotone, avec des « œuvres si pénibles, vous soyez si heureuses ? »

—— « L'explication est bien simple, » lui répondit sœur Louise, « et pourtant vous n'êtes pas en état de la comprendre. »

—— « Pourquoi ne comprendrais-je pas ? Oh ! Parlez-moi bien « franchement. »

—— « Puisque vous le voulez, je vais tout vous dire : Nous « avons nos peines et nos difficultés comme tout le monde,

« nos emplois ne nous plaisent pas toujours ; il arrive même
« que nous avons entre nous quelques froissements ; mais nous
« avons un moyen infaillible pour tout adoucir, tout supporter
« et même pour aimer ce qui répugne à la nature. Ce moyen,
« c'est ce que vous n'admettez pas, ce qui a fait tant de fois le
« sujet de vos moqueries : c'est la piété, l'amour de Notre-Seigneur
« présent sur l'autel de cette chapelle, que vous trouvez si
« gracieuse et qui est pour nous le ciel sur la terre. La prière,
« les vérités de la foi, la confession et surtout la sainte
« communion : voilà ce qui fait notre bonheur et nous
« rend chère notre vocation. »

—— « Ne pourrais-je pas jouir des mêmes avantages en
« prenant les mêmes moyens ? »

—— « Sans doute, Notre-Seigneur ne fait point acception
« de personnes ; il offre sa grâce et ses consolations à tous ceux
« qui veulent les recevoir. »

—— « Eh bien ! qui m'empêche de me confesser et de com-
« munier comme vous ? »

—— « Cela dépend de vous et je ne saurais trop vous y
« engager. »

—— « Voilà bientôt l'Assomption, je veux faire la sainte
« communion ce jour là avec vous. »

—— « C'est une bonne inspiration dont je vous félicite ;
« mais peut-être exigera-t-on de vous une préparation
« plus longue que vous ne pensez. Vous êtes très instruite,

« mais vous connaissez peu la religion ; vous avez même des
« doutes sur des points importants. Pour recevoir les sacrements
« avec fruit, il faut avoir une foi ferme et éclairée ; puis, ne
« croyez pas qu'on vous laisse faire une confession et une
« communion à la légère, comme vous avez fait par le passé.
« Ce sont des actions éminemment saintes qui demandent
« de sérieuses dispositions. »

— « C'est vrai, j'ai reçu souvent les sacrements d'une
« manière bien superficielle ; mais aujourd'hui je suis
« prête à tout ce qu'on voudra exiger de moi. »

Dès lors, la conversion était accomplie ; la grâce
avait triomphé de la nature, l'humilité avait vaincu
l'orgueil. Jésus-Christ ne devait pas tarder à régner en
souverain sur cette âme privilégiée. Les deux amies
s'embrassèrent, unies plus étroitement qu'elles ne
l'avaient été jusque là. Berthe fut adressée sans retard
à Monsieur le Curé de St Amans, prêtre capable et zélé,
qui déjà avait été mis au courant par sœur Louise de
tout ce qui se passait dans le cœur de la néophyte. Il
lui dit nettement qu'elle devait étudier la religion,
s'éclairer sur les articles qui lui paraîtraient douteux
et il s'offrit à résoudre toutes ses difficultés.

Il ne craignit pas de lui remettre entre les mains
le catéchisme qu'elle reçut humblement et promit
d'étudier ; en même temps, il lui donna des livres où

les vérités du catholicisme étaient exposées et démontrées. Ce n'était pas tout : il lui fit entendre qu'il serait nécessaire de faire une confession de toute sa vie, puisque les confessions précédentes, de son propre aveu, étaient fort défectueuses.

M⁹ʳ Bardou, évêque de Cahors, ami de la famille Soulx, qui était alors à S.ᵗ Amans, insista beaucoup sur ce dernier point, qu'il regardait comme essentiel.

Berthe, avec la simplicité et la docilité d'une enfant, se soumit à tout. A la prière de sœur Louise, elle commença dès lors à écrire, jour par jour, ce qui se passait en elle. C'est ce qui nous a valu les délicieuses pages de ce Journal où elle se peint elle-même au naturel et où se manifeste si visiblement l'action de la grâce divine.

On comprend tout ce qu'il dut lui en coûter pour accomplir la transformation morale qu'elle entreprenait. L'habitude qu'elle avait prise de raisonner sur tout, de vouloir tout expliquer, l'indépendance de son caractère; le souvenir des lectures qu'elle avait faites, opposèrent une vive résistance aux inspirations de la grâce et à l'empire de la foi. Mais avec une énergie de volonté et une simplicité de cœur qu'on ne saurait trop admirer, elle se porta vers la vérité, dès que la vérité lui apparut, et n'hésita pas à renier tout son passé, à braver le respect humain, à contrarier même les plus chères affections de son cœur, pour arriver à devenir, franchement chrétienne et catholique.

Ce combat entre la nature et la grâce est naïvement décrit dans les pages de son Journal. On y reconnaît la violence qu'elle devait se faire, pour ainsi dire à chaque instant, pour entrer dans une vie nouvelle, pour réformer ses idées, pour croire tout ce que l'Église enseigne et admettre ce qu'elle prescrit ou approuve. Même quand le triomphe de la foi est assuré, on retrouve encore sous sa plume certains préjugés; en exposant la vérité révélée, elle commet certaines erreurs, elle s'exprime d'une manière inexacte[1]. Il fallait du temps pour dépouiller le vieil homme et former l'esprit et le cœur de l'homme nouveau. Mais ce temps ne fut pas long et si quelque chose étonne, en lisant les écrits de Berthe de Mornay, c'est de voir qu'elle fut arrivée si vite à la foi simple et forte d'un chrétien qui a toujours vécu dans cette atmosphère; à l'intelligence si complète de la religion, de la piété, de la perfection, même la plus élevée; à ce sens, à ce goût des choses de l'ordre surnaturel, qui devait désormais se développer chaque jour davantage dans son âme.

Du moment où elle se mit à l'œuvre, elle ne fit jamais un pas en arrière; elle ne connut ni défaillance

---

[1] Ces inexactitudes ont été conservées dans le texte, mais des notes les signalent et les rectifient.

ni relâchement. Sa vie fut une vie de prière, de réflexion, de lutte contre les inclinations de la nature et contre ses anciennes préventions. Sans qu'on lui en eût suggéré la pensée, elle s'appliqua à la mortification des sens; à table, elle ne mangea plus que de deux plats, elle se leva de meilleure heure le matin et s'exerça à réprimer les saillies de son caractère. Sa générosité fut bientôt recompensée par la faveur qu'elle désirait par-dessus tout, la sainte communion.

Sa confession générale étant terminée, tous ses doutes étant éclaircis, elle eut le bonheur de recevoir la Sainte Eucharistie, le 28 Août, fête de St. Augustin, dans la chapelle de l'Hôpital, à côté de son bon ange, de sa chère sœur Louise. On lira dans son Journal les transports de son amour reconnaissant. Fortifiée par cet aliment divin; elle entre chaque jour davantage dans l'esprit de l'Église et la pratique de la piété. Elle n'aime à parler que des choses de Dieu; elle est attirée par une force invincible au pied des autels.

Dans ses promenades solitaires, sous le beau ciel du midi, en présence d'une nature grandiose et gracieuse tout ensemble, son esprit s'élève sans effort vers Dieu, son âme déborde de foi, d'admiration et de reconnaissance.

Les dévotions qu'elle avait autrefois dédaignées, lui devinrent familières et furent pour elle une source de consolations. Le chapelet, le scapulaire, les médailles de la Très-sainte Vierge et des saints étaient pour elle des objets de vénération.

III

Vocation religieuse. — Opposition des parents. — Défense de visiter les sœurs. — Lettre de Berthe à sa mère, au sujet de sa vocation. — Arrivée de Mme de Mornay. — Chûte de cheval.

Les aspirations de Berthe de Mornay ne se bornent pas à la perfection de la vie chrétienne : elle sent au fond de son cœur le désir de se donner à Dieu sans réserve; elle songe déjà à quitter le monde et à embrasser la vie religieuse; elle veut être Fille de la Charité. Cette pensée se révèle dans les pages qu'elle écrit le jour de sa communion; et, à partir de cette époque, sa vocation l'occupe sans cesse, elle y revient souvent dans ses lettres et dans son journal. Le temps ne sert qu'à l'affermir dans son dessein; les oppositions qu'elle rencontre la rendent de plus en plus inébranlable.

Les grands parents de Berthe avaient ignoré longtemps le travail de transformation qui s'opérait en elle. Ses rapports avec les sœurs, avec M. le Curé ne leur inspiraient aucune préoccupation. Ils la virent même, sans surprise, se confesser et communier vers la fin du mois d'Août. Mais quand ils s'aperçurent qu'elle devenait dévote, qu'elle était tout entière aux choses de la religion, aux pratiques de la piété, ils commencèrent à s'alarmer de ce qu'ils regardaient comme une exagération. Ce n'est pas qu'elle fût moins prévenante, moins cordiale pour eux; au contraire, ses attentions étaient plus délicates et son affection plus expansive: mais ils craignaient que leur petite-fille ne voulût s'éloigner du monde, où ils étaient si heureux de la voir briller. On la plaisanta d'abord sur son changement inattendu, qu'on mit sur le compte des sœurs; on l'accusa d'exaltation. La Maréchale, allemande de naissance et luthérienne de religion, attaqua la doctrine et les pratiques de l'Eglise Catholique avec les arguments que lui fournissaient ses préjugés protestants; Melle C.., l'institutrice, se joignit à elle. Le Maréchal, catholique sincère, quoiqu'il négligeât la pratique, ne partageait pas ces dispositions ; il essayait même de défendre sa petite-fille.

Celle-ci répondait modestement, mais avec netteté aux objections ; les moqueries n'obtenaient qu'un silence respectueux.

Quelquefois, la discussion était vive. Un jour la

maréchale dit à Berthe : « Tu crois donc que je serai « damnée, parceque je ne partage pas tes croyances ? » — « Maman, « lui répondit-elle, je le crains tant, que tous les jours je « prie Dieu de vous épargner ce malheur. » Les discussions qui se renouvelaient très souvent, affermissaient Berthe dans ses dispositions. Elles ne furent pas sans fruit pour sa grand'mère, qui apprit à connaître le catholicisme et à l'estimer. Plus tard, elle consentit à lire des livres qui pouvaient l'éclairer. Dans ses derniers moments, elle fit appeler un prêtre, fit abjuration et reçut les sacrements de l'Église. Il est certain que l'exemple, les conversations et les prières de sa petite-fille furent pour beaucoup dans cette conversion.

Vis à vis de son institutrice, avec qui elle était plus libre, la controverse était plus vive et plus prolongée. Berthe prenait facilement le rôle agressif et employait, pour réduire son incrédule, les arguments qui l'avaient elle même convaincue. Pendant une maladie que fit Melle C..., elle la soigna avec le dévouement d'une Fille de la Charité, et fit de nouveaux efforts pour lui ouvrir les yeux. Elle ne réussit pas pour le moment ; mais dans la suite, Melle C..., restée près de Madame de Mornay, se souvint des exhortations de sa chère Berthe et vécut en chrétienne. La trace de ces controverses et des émotions qu'elles causèrent à la nouvelle convertie, se retrouve en plusieurs endroits de

son journal. La petite persécution dont Mᵉˡˡᵉ de Mornay
était l'objet au château de Sᵗ Amans devint bien autrement
sérieuse quand on apprit que non seulement elle était
devenue pieuse mais qu'elle voulait encore se faire Fille
de la Charité.

« Tu voudrais donc être sœur grise ! » lui disait sa
grand'mère avec une stupéfaction mêlée de tristesse. —
« Quoi ! la fille du Marquis de Mornay, la petite-fille
« d'un Maréchal de France, l'orgueil et l'espoir de sa
« famille, porter la bure d'une fille de Saint Vincent
« de Paul ! . . . » Évidemment ce devaient être les sœurs qui
lui avaient mis cette idée dans la tête. On lui défendit de
retourner à l'hôpital, et on se promit bien d'employer tous
les moyens pour la guérir de sa folie. La défense d'aller
à l'hôpital lui fut extrêmement sensible. Elle s'y soumit
néanmoins, sans se plaindre, mais ne se fit pas grand scrupule
de voir les sœurs, toutes les fois qu'elle le pouvait sans désobéir
formellement. Elle les voyait dans leur chapelle, qu'on ne
lui avait pas interdite, à l'Église de la Paroisse ; elle les
rencontrait dans les promenades, où elle accompagnait ses
tantes, et on échangeait un regard, une parole en passant. Elle
inventa même un stratagème assez ingénieux pour satisfaire l'attrait de son cœur ; le soir, elle se rendait à l'extrémité
du parc qui donnait sur l'hôpital ; à la même heure, sœur
Louise se plaçait près du mur du jardin des sœurs, une rue

étroite séparait les deux amies, mais ne les empêchait pas de se voir et de se parler. Ces petites industries de l'amitié ne furent pas longtemps nécessaires: au bout d'une quinzaine de jours, les grands parents de Berthe, sachant la peine qu'elle éprouvait d'être ainsi gênée et comprenant du reste que cette sévérité, loin d'ébranler sa résolution, ne servait qu'à l'affermir, lui rendirent sa liberté.

Cependant Monsieur et Madame de Mornay ignoraient les sentiments nouveaux qui animaient leur fille et surtout étaient loin de soupçonner ses idées de vocation religieuse. Berthe crut ne pas devoir leur cacher plus longtemps ses projets, qui d'ailleurs ne pouvaient pas tarder d'arriver à leur connaissance. Il valait mieux qu'ils apprissent sa détermination par elle-même que par d'autres.

La lettre qu'elle leur écrivit à ce sujet aurait été un coup de foudre pour eux, s'ils avaient pris au sérieux ce qu'elle leur annonçait; mais ils se persuadèrent qu'elle était sous l'influence d'une exaltation passagère; que sa prétendue vocation n'était que dans son imagination, et qu'une fois revenue à Paris, remise en contact avec le monde, elle entendrait la voix de la raison et se laisserait peu à peu ramener à des pensées plus saines.

Il fut décidé que Madame de Mornay partirait pour Saint-Amans et ramènerait au plus tôt sa fille. Un de ses fils devait l'accompagner dans ce voyage, qui était

31.

long à cette époque, où l'on n'avait point encore les chemins
de fer.

Madame la Marquise de Mornay, élevée sous les
yeux d'une mère protestante, avait sur la religion bien des
idées fausses et par une conséquence nécessaire, elle faisait peu de cas de la pratique des devoirs que l'Eglise
impose à ses enfants : de là, le peu de soin qu'elle avait apporté
à surveiller l'éducation chrétienne de sa propre fille. C'était
du reste une dame très respectable et douée de belles qualités.
Dans les dernières années de sa vie, elle devint sincèrement
chrétienne et mourut dans les meilleures dispositions.
L'influence de sa chère Berthe qui l'avait précédée
depuis longtemps dans la tombe, fut pour beaucoup dans ce
changement.

La première entrevue de la mère et de la fille fut
froide, pénible même, comme on peut le voir dans la
lettre que Berthe écrit à sa cousine le 13 Octobre
1849.

Quelques jours après, Madame de Mornay, devenue
plus calme, fit appeler sa fille et eut avec elle un long entretien,
où elle se montra confiante et affectueuse; elle alla même
jusqu'à promettre son consentement, à la condition que
pendant un temps indéfini, la question de vocation serait
ajournée. [1]

---

[1] Voyez la lettre du 19 Octobre 1849.

A partir de ce moment, toute gêne disparut entre Mademoiselle de Mornay et sa mère ; elle reprit son aisance et sa gaieté ordinaire, continua à fréquenter l'hôpital et à se livrer librement à ses exercices de dévotion.

Au sein de la famille, elle redoubla d'attentions et de prévenances pour se faire pardonner ses dispositions et ses projets d'avenir. Par amitié pour son frère, elle faisait quelquefois des promenades à cheval ; dans une de ces courses, elle fit une chute et se blessa à la jambe. On en prit peu de soin. Ce fut plus tard une source de cruelles douleurs et la cause principale de la mort prématurée que nous aurons à raconter.

Au milieu de ces émotions diverses, le temps s'écoulait rapidement, les derniers beaux jours de la campagne étaient sur le point de disparaître. On était à la fin d'Octobre, il y avait six mois que Melle de Mornay était à St Amans, sa mère avait hâte de la reconduire à Paris. Le jour du départ fut fixé.

Ce fut un profond chagrin pour Berthe de quitter ces lieux où tant de grâces lui avaient été accordées, de s'éloigner de ses grands parents, si âgés et si bons pour elle, de ces chères sœurs qu'elle aimait sincèrement, et qui avaient été les instruments de sa conversion. Elle s'effrayait à la pensée des contradictions qu'elle allait rencontrer de la part de sa famille et de ses amies, lorsqu'elle n'aurait plus personne pour la soutenir; elle s'attristait de l'obligation où elle serait d'aller dans le monde, de prendre part à ses fêtes; mais sa confiance en Dieu ne lui permettait pas de douter que Celui qui avait tant fait pour elle ne l'abandonnerait pas dans l'épreuve.

Le cahier où, depuis deux mois, elle écrivait, jour par jour, ses impressions fut laissé à sœur Louise. Avant de le lui remettre, elle y ajouta quelques lignes en forme d'adieux, les plus délicieuses peut-être de ce recueil. Puis elles se séparèrent en se promettant de s'écrire souvent et de s'aimer toujours. Hélas! elles ne devaient plus se revoir qu'au Ciel!

IV

Retour à Paris. — Vie de Berthe de Mornay au sein de la famille... Sa persévérance et ses luttes. — Ses deux fuites. — Voyage en Allemagne.

Berthe quitta donc St Amans vers le milieu de Novembre, le cœur brisé par la séparation et l'esprit préoccupé de l'avenir; mais pleine de confiance en Dieu et résolue à tous les sacrifices pour répondre à l'appel de la grâce. Sa tante, Madame Guiraud, l'accompagna jusqu'à

Montpellier. En arrivant dans cette ville, on apprit que Monsieur Étienne, Supérieur Général de la Congrégation de la Mission et des Filles de la Charité, s'y trouvait momentanément. Madame de Mornay désira lui présenter sa fille, persuadée qu'il reconnaîtrait bientôt que sa prétendue vocation n'était qu'un frivole enthousiasme et qu'il userait de son autorité pour la désabuser.

Berthe accepta avec joie l'entrevue et reçut la bénédiction du successeur de Saint Vincent de Paul, comme un gage de sa prochaine entrée en communauté. Monsieur Étienne accueillit avec bienveillance la mère et la fille, et sans se prononcer sur la grave question qui lui était soumise, promit de l'étudier sérieusement et de dire ce qu'il croirait être la volonté de Dieu.

Les impressions qu'éprouva Melle de Mornay en rentrant à Paris, l'accueil que lui fit son père, sa manière de vivre au sein de sa famille, ses aspirations toujours plus ardentes vers la vie religieuse, sont décrits mieux que nous ne saurions le faire dans deux lettres qu'elle adressa, au commencement de décembre, la première à sa cousine Melle J. B., la seconde à M^r le curé de St Amans.[1]

Les premiers temps de son séjour à Paris furent calmes. Elle pouvait vaquer librement à tous les exercices de la piété chrétienne et voir de temps en temps le Père

___
[1] Voir lettres du 2 décembre et du 6 décembre 1849.

Étienne dont elle suivait docilement les conseils. Quoiqu'elle n'eût pas obtenu encore une décision définitive au sujet de sa vocation, elle s'affermissait dans ses bonnes résolutions et se sentait de jour en jour plus impatiente de dire au monde un éternel adieu.

Parmi les livres dont elle faisait ses délices, elle avait une prédilection pour l'Imitation de Jésus-Christ, ce livre dont l'auteur sera probablement toujours inconnu, qu'on dirait envoyé du ciel pour tous les temps et pour tous les pays, où l'âme chrétienne trouve toujours l'écho de ses pensées, de ses affections, de ses peines et rencontre en toute circonstance un conseil qui l'éclaire, une parole qui la console, une grâce qui la rend meilleure. Dès le début de sa conversion, Berthe s'était attachée à lire et à méditer l'Imitation; avant de quitter St Amans, elle avait commencé à écrire sur chaque chapitre ses pensées en forme de commentaire. Elle continua ce travail à Paris, puis pendant son voyage en Allemagne et jusqu'à son admission au postulat. Cet écrit s'arrête au chapitre XXV du troisième livre; il forme une partie importante du recueil que nous publions.

Cependant Monsieur et Madame de Mornay s'irritèrent de la persévérance de leur fille dans son dessein et changèrent de système à son égard. Elle dut renoncer à la direction du Père Étienne qu'on soupçonnait, bien à tort, sans doute, d'un peu de complicité, et se confier aux guides qu'ils choisiraient eux-mêmes. Elle fut adressée successivement à plusieurs ecclésiastiques de mérite, même au Nonce du Pape. Ses nouveaux Directeurs, qui ne la connaissaient guère que par la peinture que leur en avaient faite les parents, s'efforcèrent de lui prouver que sa vocation ne lui venait pas de Dieu. Ce fut peine perdue, elle répondit à tous les arguments et assura que personne au monde ne serait capable de lui faire méconnaître la voix de Dieu qu'elle avait entendue dans le secret de son cœur. On lui enleva dès lors ce qui était de nature à alimenter sa piété : ses livres, une relique de Saint Vincent et jusqu'à son cher petit chapelet, qu'elle tenait de sœur Louise. Toute pratique de dévotion lui fut interdite. À ces mesures si pénibles pour son cœur, on en ajouta une autre qui lui fut encore plus sensible. On décida qu'elle devait reparaître dans le monde, se revêtir de ses livrées et prendre part à ses fêtes. Sur les ordres formels qui lui furent signifiés, Berthe se sentit si profondément blessée dans sa conscience qu'elle fit un acte inconsidéré, sans doute, mais dont on ne peut s'empêcher d'admirer l'héroïsme : elle même se coupa les cheveux et en même temps formula, sans arrière pensée, le vœu de chasteté perpétuelle. À cette nouvelle, son père fut exaspéré : il commençait à craindre de ne pouvoir vaincre une volonté aussi indomptable; Madame de Mornay fut saisie d'une violente douleur, en voyant sa fille dépouillée de sa belle chevelure blonde. Celle-ci la consolait en lui disant : « Chère maman, je suis maintenant prête à prendre la cornette ».

Le temps de sa majorité approchait, elle n'ignorait pas qu'à partir de ce moment, on devait la surveiller de plus près et la tenir dans une sorte de captivité ; ne calculant pas la témérité de sa démarche, elle quitte un jour l'hôtel de ses parents et va se réfugier dans une maison religieuse où l'on refuse de la recevoir. Une boulangère chez qui elle se précipite, veut bien consentir à la cacher. C'est là que, blottie dans un coin, elle est retrouvée par ses parents en courroux. Déjà son signalement avait été donné aux diverses gares et les agents de la police allaient être mis à sa poursuite.

Cette première tentative ayant échoué, elle s'imagina d'aller directement à la Maison-mère des Filles de la Charité, pour demander son admission. La vénérée mère Mazin, qui était alors supérieure générale, la reçut au parloir et lui adressa une affectueuse réprimande sur l'imprudence de sa conduite. Berthe pour mieux prouver la sincérité de sa vocation, montra un long chapelet qu'elle portait sous ses vêtements. Cette naïveté fit sourire la mère Mazin qui, sans se laisser persuader, envoya chercher Monsieur et Madame de Mornay, fit mettre leur fille à genoux pour leur demander pardon et la remit entre leurs mains.

Tous les moyens d'amener Melle de Mornay, à changer de résolution ayant complètement échoué, on songea à un voyage qui pourrait peut-être la distraire de ses idées, et la rendre plus condescendante aux désirs de ses parents. Le Père Étienne avait déjà suggéré cette pensée, comme une épreuve efficace pour s'assurer si c'était l'imagination ou la grâce divine qui inspirait cette vocation, cause de tant de troubles et de si cruelles douleurs.

Dans les premiers jours de mars 1850, Melle de Mornay partait avec sa mère pour l'Allemagne. Le 8, elle était à Eisenach, ville de la Saxe, où la duchesse d'Orléans faisait sa résidence. Les opinions politiques des Souhlé et des Mornay ménagèrent aux voyageuses un accueil sympathique auprès de la duchesse, qui fut heureuse dans son exil de retrouver des amis de sa famille. D'Eisenach, Madame de Mornay se rendit à Dresde et parcourut successivement plusieurs villes intéressantes par leurs monuments et leurs souvenirs. Sa fille jouissait sincèrement des agréments du voyage ; elle admirait les beautés de la nature et des arts ; ce qui l'occupait surtout, ce qui la touchait le plus, c'étaient les souvenirs pieux qui se rattachent aux lieux qu'elle parcourait. Très souvent, presque chaque jour, elle écrivait ses observations, ses impressions à son amie, sœur Louise, elle lui donnait des détails délicieux sur les sanctuaires de la Sainte Vierge, sur les saints du pays, sur les faits de l'histoire de l'Eglise. Ces lettres nous auraient offert bien des pages à citer, malheureusement, elles ont été détruites. Il ne reste de cette correspondance qu'une image de Notre-Dame de Marienhild, à Freyberg, au verso de laquelle on lit ce qui suit :

« Marienhild, in Freyberg, 13 Avril 1850,

« Cette image n'est pas jolie, mais elle vous prouve « seulement qu'au fond de l'Allemagne, j'ai bien pensé « à vous. Priez Marie, notre bonne mère, pour qu'elle me « soutienne jusqu'au bout ; je puis seulement vous dire « qu'au mois d'Octobre, si Dieu me prête vie, je serai « consacrée à son service. »

La préoccupation de Berthe pendant son long voyage en pays protestant, fut de s'écarter le moins possible du réglement qu'elle s'était tracé pour ses exercices spirituels : prières, méditations, lectures pieuses, rien n'était omis. Elle se confessait et communiait aussi souvent que les circonstances le lui permettaient. Sa ferveur était si sensible, lorsqu'elle s'approchait de la sainte Table, que sa mère étonnée lui demanda ce qui se passait en son âme, dans ces moments mystérieux. Sa réponse fut si brûlante qu'à l'instant Madame de Mornay voulut se confesser et faire la communion, pour participer au bonheur de sa fille. Si les distractions du voyage ne diminuaient en rien la piété de Berthe, ses projets de vocation n'en étaient pas non plus négligés. La pensée d'être bientôt la servante des pauvres ne la quittait pas un moment ; elle écrivait à sœur Louise « Des « bords du Rhin, comme des bords de la Seine, je souris « à mes pensées et vis d'espérance. »

Les jouissances de la terre ne lui inspiraient qu'un dégoût toujours croissant et le bonheur d'être à Dieu sans réserve était le désir toujours plus ardent de son cœur.

V

Berthe obtient le consentement de ses parents. — Le Postulat. — Elle tombe malade. — Retour dans la famille. — Le Séminaire. Elle est placée à Enghien.

De retour en France, au mois de Mai, Berthe habita la campagne avec sa famille. Son genre de vie fut toujours le même, son langage n'avait pas changé, ses sentiments n'avaient fait que s'affermir avec le temps et les épreuves. Ses parents comprirent enfin qu'il était inutile de combattre une résolution, aussi ferme et aussi réfléchie ; ils reconnurent que la vocation de leur fille était vraiment une inspiration de Dieu et ils donnèrent librement ce consentement qu'elle avait si chèrement acheté.

Tous les détails de son entrée en communauté furent réglés de concert avec la Supérieure générale des Filles de la Charité. Il fut convenu qu'elle ferait son postulat à la Miséricorde de Versailles ; elle y entra au mois d'Octobre 1850 ; elle était dans sa vingt-deuxième année. Au comble de ses vœux, Berthe exprima dans une lettre, du 1ᵉʳ Novembre 1850, à Mʳ le curé de Saint-Amans, la joie qu'elle éprouvait d'avoir quitté le monde et de servir les pauvres.

Le bonheur que ressentait Mᵉˡˡᵉ de Mornay d'être arrivée au terme de ses désirs, de vivre de la vie des sœurs, et de servir les pauvres, ne tarda pas à être troublé par une épreuve qui sembla devoir ruiner toutes ses espérances.

Quelques semaines après son entrée au postulat, elle fut prise d'une violente douleur dans un genou, une fièvre ardente se déclara, accompagnée d'un délire qui lui ôtait toute connaissance. Madame de Mornay avertie accourut en toute hâte auprès de sa fille chérie. Le médecin déclara que la fièvre et les douleurs étaient causées par un énorme abcès qui s'étendait depuis le genou jusqu'à la cheville du pied : c'était une suite de la chute de cheval qu'elle avait faite à Saint-Amans. Comme ce mal devait durer longtemps et qu'il réclamait beaucoup de soins, il fut décidé que la pauvre postulante retournerait dans sa famille. Quel chagrin pour elle, et quelles anxiétés pour son avenir ! Il fallut lui promettre qu'aussitôt après son rétablissement, elle reviendrait chez les bonnes sœurs de Notre-Dame de Versailles. De plus, elle demanda comme une grâce, qu'une Fille de la Charité fût constamment près d'elle pour la soigner, lui rappeler qu'elle faisait toujours partie de la Communauté, et l'aider à suivre les exercices et les usages des sœurs. Cette faveur lui fut accordée par la Mère générale, et jusqu'à la fin de sa maladie elle vécut en Fille de la Charité, plutôt qu'en personne du monde.

Aux souffrances que lui causait son mal et aux ennuis d'une inaction forcée, se joignait une pénible inquiétude : elle craignait que ses parents ne profitassent de sa position pour essayer de nouveau de la détourner de sa vocation. Afin de leur ôter jusqu'à la pensée de faire une telle tentative, elle résolut de garder dans ses rapports avec eux une réserve et une froideur calculées. Monsieur et Madame de Mornay en souffraient sans le lui avouer. Un jour, en présence de son père, la sœur qui était près d'elle, lui dit qu'elle ne devait pas agir ainsi, que les liens qui nous unissent à Dieu ne doivent pas détruire les sentiments d'affection que nous devons à ceux qui nous sont unis par le sang ; et qu'on peut porter l'habit religieux sans cesser d'aimer ses parents. Ces paroles firent une si vive impression sur

Monsieur de Mornay que ses yeux se remplirent de larmes; il se retira ne pouvant contenir son émotion. Depuis ce moment, la malade redevint ce qu'elle était autrefois et continua à faire la consolation de sa famille.

Cependant, le mal au lieu de diminuer s'aggravait de jour en jour; le chirurgien jugea une opération nécessaire. Berthe consentit à tout ce qu'on voulait, dans l'espoir de conserver sa chère vocation.

Pour lui épargner de cruelles douleurs, on l'endormit. Quand tout fut terminé, ses premières paroles furent: « Pourrai-je être Fille de la Charité ? » On lui répondit que oui, que tout allait bien; avec cette assurance elle se sentit pénétrée d'un calme profond et d'une douce confiance. Le danger était conjuré, mais le mal traînait en longueur; il fallait attendre du temps une guérison complète. Berthe s'ennuyait de son état; il lui tardait d'échapper aux soins dont elle était l'objet et de reprendre la vie de communauté; son esprit et son cœur se reportaient sans cesse vers la maison du postulat. Ses parents comprirent que le sacrifice qui lui avait été imposé ne devait pas se prolonger davantage; ils lui permirent de s'éloigner d'eux. De leur côté, les Supérieurs de la Communauté, jugeant que l'épreuve avait été assez longue et assez décisive, la dispensèrent de compléter son postulat et l'admirent immédiatement au séminaire.[*] Elle y entra le 18 Janvier

____

[*] Les Filles de la Charité ne forment pas une Congrégation

1851, et peu de temps après, ses douleurs avaient disparu; mais le germe du mal restait caché; et plus tard, il devait produire de terribles effets.

Dire quel fut son bonheur en se trouvant dans cet asile, après lequel elle avait si ardemment soupiré; avec quelle ferveur elle s'adonna à tous les exercices prescrits par la règle; avec quelle religieuse docilité elle écouta les instructions adressées aux jeunes sœurs, serait chose impossible : elle seule aurait pu nous le révéler; mais malheureusement il ne nous reste rien de ce qu'elle a écrit pendant cette période de temps; peut-être même n'a-t-elle pas écrit, pour entrer davantage dans le recueillement et l'oubli de soi-même qui convient si bien à l'esprit du séminaire.

La prise d'habit, qui eut lieu le 8 Novembre, la combla de joie et ce jour fut pour elle un des plus beaux de sa vie. Elle ne devait hélas ! en célébrer qu'une seule fois l'anniversaire. Quelques pages écrites ce même jour et le lendemain, expriment d'une manière touchante les dispositions de son âme dans cette circonstance. On les lira à leur place.

La respectable mère Mazin qui venait de quitter

---

proprement dite, mais une simple société de personnes pieuses, vivant en Communauté. Saint Vincent de Paul leur fondateur, voulut qu'on appelât *séminaire* le temps de probation que les jeunes sœurs passent à la Maison-Mère, avant de prendre l'habit. Ce temps est ordinairement de sept à huit mois.

la charge de Supérieure générale de la Communauté, avait été nommée Supérieure de l'Hospice d'Enghien, au faubourg St Antoine. C'est dans cette maison qu'elle fut placée, au sortir du Séminaire, et reçut le nom de sœur Berthe.

Là, elle fut chargée d'une classe. Les enfants, confiées depuis un an seulement aux Filles de la Charité, avaient été jusque là assez négligées: il y avait beaucoup à faire pour les habituer à la discipline et combler les lacunes de leur instruction. Sœur Berthe y consacra toutes ses forces et toute son énergie.

Pour soutenir son courage et sa patience elle plaçait sur son bureau un Christ, qu'elle prenait souvent à la main. Ce signe sacré lui servait en même temps à se tenir en la présence de Dieu, pratique qu'elle avait grandement à cœur et qu'elle voulait se rendre familière.

Afin de la continuer, même pendant le repos de la nuit, elle avait pris l'habitude de s'endormir en tenant ce Christ et quand il lui arrivait de s'éveiller, sa première pensée était pour Notre-Seigneur, dont elle pressait l'image sur son cœur. La Sainte Eucharistie faisait ses délices; c'était là du reste son attrait le plus sensible depuis sa conversion; elle trouvait un charme irrésistible à rester devant le tabernacle; il fallait quelquefois l'en arracher comme par force.

La vertu de pauvreté avait pour elle un attrait

particulier. Pour la mieux pratiquer, elle laissait à sa Supérieure la libre disposition de tout ce qu'elle recevait de sa famille et si quelqu'une de ses compagnes, connaissant la haute position qu'elle avait eue dans le monde, lui recommandait une bonne œuvre, elle répondait modestement : « Je n'ai rien » sans trahir le secret de son dépouillement, ce qui, plus d'une fois, étant pris pour une défaite, lui attira de petites humiliations. Mais être humiliée, se renoncer, souffrir, c'était surtout ce que désirait cette âme généreuse.

Quel chemin elle avait fait, depuis le jour où elle arrivait à Saint-Amans, toute remplie d'orgueil et d'ambition ! Quel changement dans ses idées, ses sentiments, sa conduite ! Qui reconnaîtrait l'héritière des Mornay sous cette robe de bure, au milieu de ces petites filles du peuple, dont elle s'est faite l'institutrice ! C'est pourtant la même personne, la même intelligence, le même cœur ; mais transformés par la grâce ; en renonçant aux vaines flatteries du monde, elle est devenue l'objet des complaisances de Dieu.

Les épreuves ne lui avaient pas été épargnées, (on l'a vu,) avant de parvenir au terme de sa vocation ; et cependant, ce n'était point encore assez : la Providence lui réservait de nouveaux sacrifices pour la conduire à la perfection qu'elle devait atteindre.

Un jour, on lui annonça que sa grand-mère, la Maréchale Soult, était mourante. Quelle angoisse pour son cœur affectueux, à la pensée qu'une personne si chère allait mourir séparée de l'Église ! Le lendemain, on vint lui dire, sans lui donner aucune explication, que la Maréchale avait rendu le dernier soupir. Sa douleur fut inexprimable. C'était surtout la perte de l'âme qui la torturait : « Oh ! disait-elle, pas une « goutte d'eau bénite n'a été jetée sur ce pauvre corps ! Elle « est morte ! morte pour l'Éternité ! »

Mais autant sa douleur avait été profonde, autant sa consolation fut grande lorsque, quelques heures plus tard, une lettre lui apprit que sa grand'mère, à ses derniers moments, avait fait abjuration et reçu les sacrements de l'Église, de la main d'un jeune prêtre, son parent.

A peine était-elle remise de son émotion qu'elle eut à supporter une autre peine qui lui fut très sensible. La Mère Mazin, après une année de séjour à Enghien, en fut retirée pour aller à Turin en qualité de Visitatrice de la Province du Piémont. Cette bonne mère avait toujours porté le plus tendre intérêt à sœur Berthe, et celle-ci qui, dès le début de sa vocation avait été en rapports avec elle, répondait à ses bontés par une filiale affection et une confiance sans bornes. Aussi cette séparation lui fut-elle extrêmement pénible ; elle se soumit cependant à la sainte volonté de Dieu et ne se laissa point décourager, persuadée que la grâce suppléerait aux appuis humains qui lui étaient enlevés. Elle accompagna la respectable Supérieure à la

Maison-Mère et lui fit généreusement ses derniers adieux.

Ce fut là qu'elle apprit que son père était indisposé. On l'engagea à l'aller voir. Lorsqu'elle arriva auprès de lui, elle le trouva bien plus malade qu'on ne lui avait dit; on peut facilement s'imaginer quelle fut sa désolation, à la pensée de perdre son père et de le voir mourir avant de s'être réconcilié avec Dieu. Elle fit aussitôt venir un prêtre. Le malade se confessa, reçut l'absolution et mourut peu de temps après.

Hélas! dans ces moments cruels, la pauvre sœur Berthe n'avait plus le cœur de la bonne mère Mazin pour y épancher le sien. Au lieu de recevoir des consolations, elle devait en donner à sa mère et à ses frères, accablés d'une mort si imprévue.

Mais ses épreuves ne faisaient que commencer et désormais sa vie ne devait plus être qu'un enchaînement de sacrifices.

VI

La sœur Berthe est envoyée à Versailles. — Sa
retraite à la Maison-mère. Son séjour à Fontainebleau.
Elle est placée à la maison de charité de St Laurent. —
Sa mort.

----------------+----------------

C'était au mois de Juin 1852, et à quelques jours
d'intervalle, que la sœur Berthe s'était séparée de la mère
Mazin et qu'elle avait vu son père expirer dans ses bras.
« Toutes ces secousses, dit-elle, dans une lettre du 27 Juillet,
« ont achevé de détraquer ma petite personne, qui n'était
« déjà pas bien vaillante. » En effet, elle n'avait pu supporter,
sans fatigue, l'office de la classe, dont elle avait été chargée
dès son entrée à la maison d'Enghien, en 1851. Au bout de
quelques mois, elle avait commencé à tousser et à souffrir
de la poitrine, où se portait peut-être l'humeur qui avait
quitté sa jambe malade. D'ailleurs l'application qu'elle mettait à bien s'acquitter de son office le lui rendait fort pénible
et l'on jugea qu'elle ne pouvait pas le continuer sans danger.
Elle en fut donc déchargée et pour qu'elle pût se reposer tranquillement, sans éprouver l'ennui de ne plus partager les
travaux de ses compagnes, ses supérieurs l'envoyèrent pour
quelque temps à Versailles, dans la maison où elle avait

postulé.

Elle y avait connu alors et elle allait y retrouver la sœur Blanc, qu'elle aimait tendrement et dont l'affection devait remplacer pour elle celle de la mère Mazin. « Vous serez bien satisfaite, dit-elle à sa tante, de me « savoir avec ma sœur Blanc. » C'était, en effet, pour elle la plus douce des consolations et elle la ressentait vivement, quoiqu'elle s'accuse, dans la même lettre, du 17 Juillet, de faire une mine toute maussade, tant elle est triste d'avoir quitté ses compagnes et ses enfants d'Enghien. Mais sa tristesse avait une autre cause : c'était l'état de sa santé. « Je suis bien fatiguée et propre à peu près à « rien. Je tousse continuellement, et j'ai souvent la fièvre. » Même en plein été, l'air de Versailles était trop vif pour sa faible poitrine. Elle y était arrivée le 23 Juillet, et elle en partit dès le commencement de septembre, pour suivre les exercices de la retraite à la Maison-mère de Paris.

La pensée de la mort s'était présentée à son esprit pendant son séjour à Versailles, mais sans la faire renoncer à tout espoir de guérison. « Demandez à Notre-Seigneur « disait-elle à sa tante, ou que je me rétablisse, pour que « je puisse servir les pauvres et remplir un office, ou « que j'aille bien vite à Lui. »

Pendant la retraite, une autre épreuve vint s'ajouter

à ses douleurs corporelles : elle sentit s'accroître en elle des peines intérieures qui déjà, depuis quelque temps, avaient commencé à troubler son âme. Le physique agissait sur le moral. Ses facultés ne pouvant plus être appliquées à des occupations sérieuses, se repliaient sur elles-mêmes et se fatiguaient dans une stérile activité. Peut-être aussi Dieu voulait-il, par un secret dessein de sa sagesse, soumettre cette fille si généreuse à des épreuves qui devaient achever de détruire en elle jusqu'au dernier germe de l'orgueil et ajouter un nouvel éclat à sa perfection. L'histoire des saints nous apprend qu'il a souvent tenu cette conduite à l'égard de ses plus fidèles serviteurs.

Sœur Berthe confiait ses inquiétudes au directeur de sa conscience et se rassurait en obéissant avec une ponctuelle exactitude. Une parole de son guide dissipait toutes ses craintes et ramenait le calme dans sa conscience. Un petit livre écrit au crayon, à partir du 4 Septembre, nous met dans la confidence des angoisses déchirantes par où elle eut à passer et nous apprend en même temps qu'elle était sa conformité à la volonté de Dieu, son détachement des créatures, son amour des souffrances. Elle avait interrompu cet écrit le 21 Septembre ; mais elle le reprit dans le mois qui précéda sa mort et les lignes qui le terminent sont un ardent élan vers l'objet de tous ses vœux, le Sauveur Jésus.

52.

Quand on rapproche ces pages de celles qu'elle écrivait, trois années auparavant, dans la ferveur de sa conversion, on ne saurait assez admirer la transformation qui s'était faite en elle.

En 1849, c'est la lutte d'une foi naissante contre des préjugés anciens, des habitudes d'indépendance, des idées d'orgueil; en 1852, c'est la pleine expansion de la vie chrétienne, l'intelligence des plus profonds mystères de la vie spirituelle, l'acceptation de tous les sacrifices, l'immolation de soi-même au bon plaisir de Dieu. Ah! que Dieu est un grand maître et comme une âme fait du chemin quand elle se laisse conduire par lui! Comme la grâce est puissante sur un cœur qui s'abandonne à ses inspirations!

Cependant, après la retraite de 1852, on voulut tenter un dernier moyen pour lutter contre le mal qui minait la sœur Berthe; on la fit partir pour Fontainebleau. C'est de là qu'elle écrivit, le 18 Octobre 1852, à la sœur Louise, une lettre où se révèle tout ce que son cœur renfermait d'amour pour Dieu et de généreux abandon aux desseins de la Providence. Elle comprenait dès lors que le terme de sa vie approchait; et loin de s'en attrister, elle se réjouissait d'aller se réunir à Celui qu'elle avait choisi pour son unique partage. Elle exprimait l'espoir que, grâce à la maladie et aux épreuves morales, sa pauvre âme s'envolerait vite vers son divin Époux, pour ne plus l'offenser et ne plus le perdre. «Priez beaucoup

« pour moi, disait-elle, ... demandez à Notre Jésus qu'au
« moins, si je ne puis pas le servir, je sache un peu l'aimer....
« Je ne désire toujours, et plus que jamais, que deux choses, sa
« croix et son cœur : il me donne l'une, mériterai-je l'autre ? »

A Fontainebleau, comme à Versailles et même à Paris
pendant les exercices de la retraite, les souvenirs de la sœur
Berthe se reportaient souvent vers cette maison d'Enghien
où elle regrettait amèrement de ne plus servir Dieu et les
pauvres. Elle s'y était liée d'une étroite amitié avec une de ses
compagnes, qui par son intelligence, son éducation, sa piété
avait comme naturellement gagné ses sympathies. La classe
dont l'une et l'autre étaient chargées, les mettait fréquemment en rapport. Elles s'encourageaient mutuellement à
faire du bien à leurs enfants, à se corriger de leurs défauts et à
travailler à leur propre perfection. Sœur Berthe avait trouvé
une seconde sœur Louise qui l'aidait à marcher dans les sentiers
parfois un peu rudes de la vie religieuse, comme la première
l'avait aidée à sortir de la voie de l'erreur et de la vanité.
Aussi a-t-elle voulu associer son amie d'Enghien aux méditations et aux résolutions que la retraite lui inspirait[1] offrant pour elle ses souffrances et ses prières, se plaignant de
ne plus la voir, aspirant au jour où elles seraient à jamais
réunies dans le cœur de leur divin Epoux. A partir du 24
Septembre et jusqu'au 25 Octobre suivant, elle consacra plus

---

[1] Voyez à la date des 5, 6, 12, 16 et 20 Septembre.

particulièrement ses moments de loisir à cette amie, qu'elle appelait sa petite sœur.

Elle écrivit pour elle, au crayon, sur un calepin, des pensées qui nous ont été heureusement conservées et où se révèlent à la fois l'esprit d'observation, le sens de la vraie piété et une générosité qui ne recule devant aucun sacrifice.

Lasse de la vie inoccupée qu'elle menait à Fontainebleau, la sœur Berthe ne tarda pas à revenir à Paris et à entrer dans la maison de Charité de la paroisse Saint-Laurent, pour user au service des pauvres ce qui lui restait de force et de vie. Là elle fut, comme dans les autres maisons où elle avait passé, un sujet d'édification ; ses compagnes admiraient sa simplicité, son humilité, sa ferveur ; et, longtemps après sa mort, elles aimaient à se rappeler le souvenir de ses vertus. L'état de faiblesse où elle était réduite ne lui permettant pas de remplir un office considérable ; on lui confia le soin des enfants qui, par défaut d'intelligence ou par paresse, ne pouvaient suivre les classes ; on y joignit les enfants qu'on recueillait dans la rue ; elle fut chargée de les instruire, de leur apprendre le catéchisme et de les préparer à leur première communion. Elle fut au comble de ses vœux ; ce petit troupeau composé des plus pauvres et des plus délaissés, répondait parfaitement à son attrait pour la vie humble et cachée. Elle se mit à l'œuvre avec zèle, et certainement elle aurait réussi à tirer bon parti de ces natures grossières, si ses forces ne l'avaient pas trahie. Au bout de quelques semaines, elle dut s'arrêter ; tout travail lui devenait impossible ; elle n'avait plus qu'à souffrir et à prier.

Pendant cette douloureuse période de sa vie, elle se montra constamment un modèle de résignation, de patience et de piété. Ses compagnes aimaient à venir près d'elle pour l'entendre parler de Dieu. Les visites de sa mère, de ses frères, de son institutrice ne la distrayaient point des pensées qui absorbaient toute son âme ; au lieu de se laisser entraîner vers les choses de la terre par leur conversation, elle leur faisait goûter les choses de Dieu, par le charme avec lequel elle en parlait.

Ce fut dans ces dispositions et avec sa pleine connaissance qu'elle reçut les derniers sacrements de l'Église. Une lettre adressée à sa tante, Madame Guiraud, par Monsieur Salvayre, Procureur général de la Congrégation de la Mission, nous donne à ce sujet de précieux détails qu'on lira avec intérêt.

« Paris, le 12 Janvier 1853.

« Madame,

« Je m'empresse de vous transmettre les nouvelles que « vous désirez au sujet de notre chère sœur Berthe. Déjà « sans doute, Monsieur son frère, vous en a donné.

« Vous ne serez donc pas trop péniblement affectée

« d'apprendre que son état d'affaiblissement, toujours croissant,
« joint à une fièvre, à une toux continuelles, inspire de vives
« craintes.

« Elle a des moments de calme ; mais le retour de la
« fièvre ne tarde pas à venir détruire les illusions qu'on aime
« à entretenir. Sa faiblesse a été si grande, ces jours derniers,
« qu'elle a demandé à recevoir les derniers sacrements; c'est
« avant-hier qu'elle a été administrée. Je sors de la voir
« à l'instant ; elle va un peu mieux ; toutefois la nature
« de son mal laisse peu d'espoir de la voir revenir à une
« santé parfaite.

« Mais ce qui est admirable dans notre chère malade,
« et ce qui sera pour vous une bien grande consolation,
« c'est son calme, sa résignation si amoureuse; je devrais
« dire son désir si ardent, et si confiant à la fois, de la mort;
« son visage est aussi riant, aussi épanoui qu'il ait jamais
« été ; il y a, comme un reflet du ciel sur ses traits ; et en la
« considérant aussi heureuse, on se surprend à penser que
« c'est une âme qui commence à prendre son vol vers la
« céleste patrie. C'est une âme mûre pour le ciel ; le bon
« Maître veut la récompenser de bonne heure des sacrifices
« qu'elle a faits pour son amour et des violences qu'elle a
« imposées à sa nature si fougueuse et qui sont probable-
« ment une des principales cause de sa maladie.

« La chère sœur Berthe a été touchée plus que je ne

« saurais vous dire, de votre lettre ; elle me charge de vous
« exprimer toute sa reconnaissance et de la recommander
« à vos ferventes prières.

« Elle veut que vous sachiez que ses affaires tempo-
« relles sont arrangées d'une manière très convenable.

« Je suis heureux, Madame, d'avoir une occasion
« aussi favorable, quoique bien triste, de vous offrir l'hom-
« mage de mes vœux bien sincères et du respectueux dévou-
« ment avec lequel je serai toujours en l'amour de Jésus
« et de Marie,

« Votre très humble serviteur. »

Salvayre

p. C. M.

On était au mois de Janvier : de jour en jour, le mal
faisait des progrès sensibles ; le corps s'affaiblissait ; mais
l'âme conservait toute son énergie, soutenue par les pensées
de la foi, la prière et les sacrements.

Enfin le moment suprême arriva : une dernière
épreuve attendait la malade ; déjà le voile de la mort couvrait
ses yeux, elle était sur le point d'entrer en agonie, lorsque
tout à coup elle se lève sur son séant, ouvre les rideaux et
appelle la sœur qui la veillait, en la priant de ne pas
s'éloigner. La sœur s'approche, lui suggère quelques
paroles pieuses et le calme revient. Un moment après, elle
l'entend de nouveau qui l'appelle et la voit dans la même

agitation que la première fois ; alors effrayée elle-même, elle fait avertir sa supérieure, qui arrive avec toutes ses compagnes ; elles entourent son lit, en priant avec ferveur. Dès lors le calme reparaît et sœur Berthe rend son âme à Dieu, dans une profonde paix. C'était le 30 Janvier 1853 ; elle était dans sa vingt-quatrième année.

Dans les derniers jours de sa vie, sœur Berthe prévoyant que sa mère voudrait que son corps fut déposé dans le tombeau de la famille, exprima le désir qu'on gravât sur la pierre sépulcrale son titre de Fille de la Charité, car disait-elle, c'est celui auquel je tiens le plus.

Son vœu fut exaucé, et l'on peut lire, au cimetière du Père-Lachaise, sur le mausolée où sont inscrits les noms et les titres des Mornay :

Berthe de Mornay,
Fille de la Charité.

JOURNAL

----------- ❖ -----------

Souli-Berg, Mardi, 14 Août 1849.

Je crois en Dieu, parce que mon cœur, parce que mes yeux disent que nier Dieu, c'est nier la nature entière; c'est me nier moi-même. J'aime Dieu, parce que, pour moi, Dieu c'est le souverain bien; Dieu, c'est le dispensateur des félicités de l'homme; Dieu, c'est le Créateur de toutes les merveilles qui frappent et enchantent mes sens; Dieu, c'est la miséricorde dans toute sa plénitude; Dieu, c'est le maître de mes plaisirs, c'est le refuge de toutes mes douleurs; Dieu, c'est la voix qui parle à mon cœur, et le fait tressaillir avant toute autre; Dieu, pour moi, c'est la souveraine Bonté et j'aime Dieu de toute la force de mon cœur. Je crois en Dieu qui, d'un souffle, du chaos a fait le monde, du néant a fait la vie. Quelle est cette volonté toute puissante qui a dit aux mondes : « Gravitez dans l'espace?» qui a dit au soleil : « Éclairez l'homme ?» Qui a dit aux fleuves : « Coulez pour les besoins de l'homme ?» Qui a dit à l'homme : « Vis et pense ?» Cette volonté c'est Dieu. L'homme est le roi de la nature; Dieu est le Roi des rois : Dieu c'est la vie de l'homme, c'est son bonheur, c'est son tout. Mon cœur a besoin d'aimer; Dieu est le principe de tout amour; j'aime Dieu.

Un jour j'ai dit à ma raison : « Cherche à comprendre

Dieu. » Cette raison que Dieu m'a donnée, je voulais en faire une arme contre lui. Mais lorsque ma raison parlait, mon cœur restait froid et muet, et cette raison, dont j'étais si fière, m'étreignait dans la glace du scepticisme. Je voulais comprendre Dieu ! Est-ce qu'il ne se fait pas voir en tout et partout ? Est-ce que chaque objet de la création, depuis l'animalcule invisible, jusqu'au géant de la nature, est-ce que tout ne me dit pas : « Je suis l'œuvre du Tout-puissant ? » J'ai voulu comprendre, Celui qui est le commencement et la fin, Celui qui est l'infini ; j'ai voulu comprendre ! Pauvre raison humaine ! pauvre moi ! Je me plains ! J'ai voulu savoir pourquoi la feuille du trèfle est une en trois : j'ai voulu savoir, et un impénétrable voile est tombé, devant les yeux de mon intelligence. Je crois en Dieu ! Maintenant, j'aime mieux me dire :

« Aux petits des oiseaux Dieu donne la pâture. »

J'aime Dieu.

Mercredi, 15 Août 1849.

Aujourd'hui, pour la première fois, je me suis trouvée bien peu de chose. Mon Dieu ! faites qu'un jour, je ne sois plus indigne de m'asseoir à votre sainte Table, à côté du pauvre, à côté de ceux à qui je pourrais donner le pain de la vie matérielle. Que je suis peu de chose !

Mon Dieu, ouvrez-moi les yeux ; faites que la lumière soit pour moi. Ces femmes de ce matin, me croient tout le bonheur en partage ; si elles formaient un vœu, ce serait de devenir moi. Oh ! Bienheureux les pauvres d'esprit,[1] car le royaume des Cieux leur est ouvert. Moi, je me suis cru la science en partage ; j'étais fière de cet esprit que Dieu m'a donné, et je l'employais à me nourrir du mal. Je commence à voir clair : quand donc pourrai-je ressembler, aux pauvres femmes dont j'envie le sort aujourd'hui.

Jeudi, 16 Août 1849.

Je crois en Jésus-Christ, et je le fais avec un vrai bonheur : mon cœur s'y attache avec joie ; ma raison s'incline et s'humilie devant ce nom, qui fait tressaillir tout mon être de reconnaissance et d'amour. Croire en Jésus-Christ, c'est pour moi croire à la manifestation la plus éclatante de la bonté et de la miséricorde de Dieu pour nous, si indignes créatures. Dieu a fait l'homme, et Dieu s'est fait homme pour racheter le premier et le plus affreux de tous les crimes. Cette idée, lors même que la morale du Sauveur ne me toucherait pas, cette idée seule, m'attacherait à

---

[1] Les pauvres d'esprit sont ceux qui ont l'esprit détaché des biens de la terre, et non ceux qui ont l'esprit borné. Cette parole de l'évangile de Saint Mathieu se représentera, avec cette fausse acception, à la date du 18 Août et du 13 Septembre.

Jésus-Christ de toute la puissance de mon âme. La pensée que pour m'ouvrir le chemin du Ciel Dieu a daigné descendre sur cette terre, se revêtir de notre enveloppe mortelle : la pensée que Dieu a souffert mille morts pour nous, pour moi ; Oh ! cette pensée comment ne serait-elle pas un remords ? Jésus, mon Sauveur, ouvrez-moi les yeux de la foi ; jamais, je ne saurai vous aimer assez pour vous rendre en affection, la plus petite parcelle des maux que vous avez endurés pour racheter mon âme. Faites que j'entre, pour y persévérer, dans le chemin qui mène à Vous. Oh ! parole de mon Dieu, pénétrez mon intelligence, et faites que ma raison croie autant que mon cœur.

Je suis bien coupable, je le sens, d'oser encore prononcer le nom de raison, lorsqu'il s'agit de Dieu et de sa parole. Je suis coupable, et je voudrais avoir la force de me débarrasser de ce lien orgueilleux, qui tient ma foi enchaînée ; cette force, je la demande à Dieu. Je crois à Dieu, le Père tout-puissant ; je crois à Jésus-Christ, son Fils unique. Mais à la parole de l'Église, est-ce que j'y crois ? Je voudrais que mon esprit fût encore enveloppé des langes de l'enfance, et que ses yeux, s'ouvrant pour la première fois, fussent dès l'abord frappés de la vraie lumière, de cette lumière qui seule aurait dû m'éclairer et me conduire. Je suis coupable ; mais j'ai foi, et j'ai toujours eu foi en la bonté de Dieu pour moi : j'ai toujours mis mon espérance en lui seul, pour les petites choses comme pour les plus grandes. Aujourd'hui, je vois bien que les fondements sur lesquels j'avais bâti l'édifice de mon indifférence, je vois que ces fondements me manquent. Je suis, moi, vraiment semblable au nautonnier qui navigue sur une mer inconnue, sondant pour éviter les écueils qui l'entourent, en cherchant le port où il désire aborder; mais la lueur du phare, qui doit le guider, n'a pas encore brillé à ses yeux; il croit encore en ses propres forces, et les périls l'environnent.

Mon Dieu, je suis si inhabile, daignez conduire ma barque, qui commence une course vers des rivages nouveaux; faites-moi arriver au port du salut, et ma vie, si même vous me l'accordez bien longue, ne suffira pas pour que je puisse assez vous témoigner qu'elle vous appartient tout entière.

—————————

Vendredi, 17 Août 1849.

Ce matin, je suis satisfaite, j'ai fait un pas vers la lumière, et c'est un vrai bonheur, pour moi, de pouvoir me dire que je suis persuadée, sur un des points dont je doutais le plus, et le point le plus important, puisque tous les autres en dérivent. Je crois à l'Église catholique et apostolique. Il y a quelques jours à peine, j'avouais que ma raison se refusait à reconnaître l'infaillibilité de l'Église; hier je me disais, qu'il ne serait pas impossible que j'y crusse, aujourd'hui, j'ai remporté une première victoire, et je me proclame, bien haut, à moi-même, que je crois à l'Église, et à tout ce qu'elle enseigne et enseignera. Voilà ma pauvre raison bien humiliée : la voilà contrainte de reculer devant la vérité, qui conquiert enfin son empire sur moi. Quand donc sera-t-elle tout à fait vaincue ? Quand pourrai-je dire aussi haut : « J'ai foi ! Je marche volontairement, en « aveugle, dans les voies qui conduisent à Dieu, parce que « la vérité guide mes pas, et j'y marche sans hésitation ; « j'y marche en triomphateur, car j'ai combattu et terrassé « les fausses doctrines, qui s'étaient emparées de mon esprit. »

Je crois à l'Église, qui est la représentation de Jésus-Christ sur la terre. Je la crois catholique, parce que je vois la croix, divin symbole, plantée sur les rivages les plus lointains ; parce qu'à ce signe de la rédemption, je vois les peuples se convertir, je vois les cultes impies disparaître, et que vraiment la loi de l'Église, fait des progrès du nord au midi, de l'orient à l'occident, parce que vraiment l'Église est universelle.

Je la crois apostolique, parce que je ne doute plus qu'elle ne soit la vraie Église, établie par les apôtres, c'est-à-dire, dont les apôtres ont été les premiers pasteurs, et que je suis persuadée que les évêques sont les successeurs des apôtres et les ministres de l'Évangile, écrit par ces saints hommes, qui ont eu le bonheur et la gloire de connaître l'Homme Dieu ;

le Sauveur du monde ; de ces hommes animés directement de l'Esprit Saint, qui nous ont transmis la vérité des vérités.

Je crois à l'infaillibilité de l'Eglise, parce que je reconnais, que l'Eglise ne m'enseigne que la volonté de Dieu. Nous sommes bien obligés de nous soumettre au gouvernement des hommes, pour notre vie publique, nous sommes bien forcés d'obéir à des lois qui ne sont, à proprement parler, que la police des gouvernements ; nous reconnaissons bien pour chef politique un homme, qui n'a souvent pour tout mérite, que celui d'être le descendant d'une longue suite de rois. Pourquoi donc ne reconnaîtrais-je pas pour chef spirituel, suprême, celui qui est le Vicaire de Jésus-Christ, du Roi des rois ; sur la terre, le successeur du plus grand des Apôtres ? Pourquoi nous autres, chrétiens catholiques, nous, vraiment le peuple de Dieu, pourquoi ne nous soumettrions-nous pas aux lois, faites par la réunion des Pères de l'Eglise ? Pourquoi voudrions-nous jouir d'une indépendance coupable sous le rapport religieux, le plus essentiel de notre existence, lorsque nous devons courber la tête devant d'autres hommes par rapport à notre vie de la société terrestre ? J'aime mieux que la loi de Dieu soit absolue, et je veux y être fidèle et obéissante. Je crois à l'Eglise catholique et apostolique, et à son infaillibilité. Pardon, mon Dieu, d'y avoir été incrédule si longtemps.

68.

Samedi, 18 Août 1849.

Hier on m'a accusée d'être esprit fort ; je l'avoue,
j'ai voulu l'être ; et je n'en ai pas encore tout-à-fait triomphé.
seulement maintenant je me demande sur quoi je basais
mes doutes et mes sophismes. Vraiment en y réfléchissant
un peu sérieusement ; en mettant de côté cette raison qui peut
faire tant de bien, et qui m'a fait tant de mal, je reconnais
que la pensée et le plaisir de sembler être au-dessous de ce que
j'appelais des puérilités, sont les seuls moteurs, qui m'ont fait
agir dans beaucoup de mes actions, qui m'ont fait parler trop
de fois. J'avoue même, que jamais je n'ai bien sondé les
opinions que j'osais avoir : j'étais donc, et je suis bien plus
coupable que personne, puisque l'orgueil, cet affreux péché
qui perdit le genre humain, m'a seul conduite au doute, et
qu'à présent je reconnais que le doute, en matière de foi, est
bien près de mener à l'impiété ; je ne dis pas à l'athéisme,
car j'ai toujours cru à Dieu. Combien de fois ne me suis-
je pas dit, (encore si je ne l'avais dit qu'à moi-même !) combien de fois ai-je témoigné, par mes actions et par mes
paroles, qu'une foule de pratiques pieuses me semblaient
être au-dessous d'un esprit sérieux et intelligent ? J'ai
été jusqu'à appeler la religion, celle des pauvres d'esprit ; [*]

____

[*] Sur cette fausse interprétation de pauvres d'esprit, voyez
une note page 63.

et maintenant je voudrais mériter ce nom, comme je le comprenais alors. J'ai voulu tout savoir, quand j'aurais dû croire avec la foi, sans attendre des preuves qu'on ne peut demander qu'au matérialisme. Que j'étais coupable ! Ne sais-je pas bien que, même dans les cultes les plus impies, il y a de ces mystères à la connaissance desquels, les initiés seuls étaient admis ? Dans les synagogues, le voile du temple, cachait à tous les yeux, le Saint des Saints. Chez les païens, leur infâme religion n'avait que trop aussi ses monstrueux mystères. Hé bien ! ceux mêmes qui alors se décoraient du nom de philosophes, ceux qui voulaient tout sonder, ceux-là s'inclinaient devant les mystères de leurs divinités ; et s'ils y étaient secrètement initiés, devant leurs prosélytes ils semblaient ignorer, car ils disaient que les dieux devaient avoir des choses inconnues aux mortels.

Pourquoi, nous qui reconnaissons notre religion comme la seule bonne, la seule admirable dans sa morale et dans son culte ; pourquoi, nous qui adorons un Dieu de vérité, pourquoi, ne courberions-nous pas aussi bien la tête devant d'impénétrables mystères ? Pourquoi ne nous arrêterions-nous pas de plein gré, devant les bornes que Dieu a mises à nos regards indiscrets et coupables ? Pourquoi, ne mettrais-je pas mon orgueil à dire : « Je pourrais chercher plus loin ; mais il me plaît à moi d'être la maîtresse de ma raison

« et de la dompter ; il me plaît de croire des yeux de la foi. »

Je m'arrête. C'est encore une mauvaise pensée que j'ai là ; je le sens : Comment ! je ne veux croire que par orgueil ; je veux me persuader et persuader aux autres, que je pourrais aller au-delà des bornes que la sagesse de Dieu a posées aux pensées de l'homme ! Pardon mon Dieu, dorénavant je dirai : « Mon amour pour Dieu est si grand que « je crois en lui et à sa divine parole ; je crois aux mystères, parce « que jamais plus je ne veux chercher à comprendre ce que je « dois croire aveuglément, et que j'aime trop mon Dieu, pour « douter jamais de lui et de tout ce qui vient de lui. »

J'ai foi en vous, mon Dieu ; faites que je m'affermisse dans cette voie nouvelle.

Lundi, 20 Août 1849.

Hier on m'a demandé si je pensais souvent au grave et sérieux sujet qui m'occupe depuis trop peu de temps ; on m'a demandé si j'étais persuadée, dans le fond de mon âme et de ma conscience, des sentiments que je confiais au papier ; et à tout, j'ai répondu et je réponds : « Oui. J'ai plus de foi, mais j'ai dit aussi que cette foi est encore celle d'un aveugle à qui l'on persuade que la lumière du soleil est resplendissante. Je veux croire ; mais je ne me suis pas encore permis de me demander pourquoi ; j'ai trop peur, en raisonnant ma foi, d'ébranler celle que je commence à acquérir, et dans laquelle je sens un si grand besoin de m'affermir. Souvent ma pensée me trompe, malgré moi; souvent elle me dit : « Tu veux croire à ces mystères qu'il « n'est pas donné à l'intelligence de l'homme de pénétrer; « tu veux y croire, sans songer sérieusement à cette volonté « de ta part. » Alors, ma raison, dont la tête est à peine abaissée, ma raison se relèverait; mais cette fois, elle ne viendrait pas (orgueilleuse comme lorsqu'elle était toujours triomphante en mon esprit), elle ne viendrait plus me dire : « Cherche et tu trouveras; ne crois pas avant de « comprendre; ton esprit vaut mieux que cette crédulité. » Elle viendrait, ma raison, comme le serpent tentateur, elle se glisserait dans les replis de mon intelligence; elle prendrait la forme trompeuse et séductrice du sophisme; et une fois que l'on est entré dans la voie de la fausse sagesse, une fois que l'on a perdu le fil d'Ariane, nécessaire pour sortir du labyrinthe de l'erreur, ce fil qui est la foi, alors que de risques court cette foi, si jeune, si frêle encore! J'ai peur de me laisser égarer en m'appesantissant déjà sur ce que je crois; j'aime mieux ressembler aux petits enfants de l'Évangile, qui croyaient et qui aimaient Jésus, et dont l'intelligence n'était pas assez développée pour penser. J'aimerais mieux que mon esprit fût encore au berceau; j'aurais moins de peine à guider ses pas

Maintenant, il faut que je le traite en convalescent; que je le conduise doucement en écartant, une à une, les pierres qu'il rencontre sans cesse, dans ce nouveau chemin qu'il se fraie. Mais, aussi, j'avoue que cette cure de moi-même m'intéresse à chaque instant de ma vie; j'y pense continuellement; j'y pense toujours. Il m'a fallu deux livres pour étudier cette nouvelle science, que je préfère bien, à présent, à toutes celles que j'ai apprises avec tant de peine. De ces deux livres, l'un est pour moi celui qui parle surtout à ma raison et me donne les moyens de m'en rendre maîtresse; l'autre parle aussi à ma raison, mais surtout à mon cœur: Oh! celui-là, j'aime bien y lire, et je tâche de suivre les bons exemples qu'il m'enseigne.

Je ne sais pas si l'on me fera encore ces questions auxquelles je n'ai pas voulu répondre hier; mais je pense que les lignes que j'ai écrites plus haut répondront à l'une. Quant à l'autre, je veux pouvoir dire que je n'ai jamais été influencée, et que moi seule et Dieu m'ont décidée.

Je voudrais que l'on me dît aujourd'hui si j'ai été comprise, et si l'esprit est enfin ouvert, je ne demande que cela. J'aime tant Dieu et quelqu'une de ses créatures.

73.

Mardi, 21 Août 1849.

Les mystères sont des vérités obscures que l'homme ne peut pas chercher à comprendre ; il ne doit même pas arrêter sur les mystères une pensée coupable de curiosité. Dieu, par la bouche de son Eglise, nous enseigne que, dans la religion catholique, il y a trois mystères que nous devons croire aveuglément ; ce sont les mystères : 1º de la Sainte Trinité ; 2º de l'Incarnation ; 3º de la Rédemption.

Le mystère de la Sainte Trinité, nous apprend qu'il y a trois personnes en Dieu, et que pourtant, il n'y a qu'un seul Dieu. Voilà le fondement de toute notre religion ; car tout chrétien adore un seul Dieu, et cependant adore également le Père, le Fils et le Saint-Esprit qui sont les trois personnes formant l'unité et l'indivisibilité du Dieu Créateur de la nature. Ces trois personnes divines sont égales en toutes choses : le Père n'est pas plus puissant que le Fils, et le Saint-Esprit est égal en toute puissance au Père et au Fils. Le chrétien qui prierait plus particulièrement le divin Sauveur, croyant qu'il peut lui accorder plus de grâces que le Père et le Saint-Esprit, ne serait pas dans la règle et dans l'esprit de notre Sainte Religion, qui nous ordonne formellement de croire à l'unité parfaite de Dieu en trois personnes ; et cette unité, c'est le mystère de la Sainte Trinité : vérité obscure qu'il ne faut pas chercher à comprendre ; mais qu'il faut croire de toute la force de la foi. Douter du mystère de la Sainte Trinité, ce serait douter de Dieu, ce serait n'être plus chrétien, ce serait presque être athée.

Les trois personnes divines sont égales en toutes choses ; mais on leur donne à chacune un caractère particulier, dans l'émission des volontés et des grâces de Dieu. Le Père représente plutôt la pensée ; le Fils, l'action ; le Saint-Esprit, la sanctification. Certes la pensée, l'action et la sanctification sont unes ; mais il semble que d'après ce que nous enseigne l'Église, d'après les paroles mêmes de Dieu, on peut ainsi distinguer les caractères particuliers des trois personnes divines, et les réunir ensuite dans un tout, qui est Dieu par excellence. Car Dieu le Père n'a-t-il pas dit que son Fils serait assis à sa droite, pour juger les vivants et les morts ? N'est-ce pas l'action de la pensée du Père, du Fils et du Saint-Esprit réunis, que fera le Fils en jugeant au jour du jugement dernier ? Quant au Saint-Esprit, n'est-ce pas cette personne divine, qui est descendue plus particulièrement sur la tête de Jésus-Christ, alors que Saint Jean l'a baptisé dans les eaux du Jourdain ? N'est-ce pas le Saint-Esprit qui est descendu sur la tête des apôtres, cinquante jours après la pâque, qui les a sanctifiés, et les a animés de la force et du savoir nécessaires pour prêcher l'Évangile, et pour convertir les infidèles à la foi que le

Christ venait de révéler et d'enseigner pendant trois ans? En peu de mots, le premier des trois mystères, est le mystère de la Sainte Trinité, c'est-à-dire un seul Dieu en trois personnes. Ce mystère est regardé comme le premier de ceux que l'Église nous enseigne, parce que les deux autres proviennent directement de lui, qui, comme nous l'avons dit, est la base principale de la religion chrétienne.

Je crois fermement au mystère de la Sainte Trinité, parce que je suis chrétienne; j'y crois, parce que l'Église me l'enseigne, et que je crois de toute ma force à la parole de l'Église, qui est la parole de Dieu. Je crois aux mystères en général, parce que je ne puis pas douter que ce ne soit Dieu qui les ait révélés à son Église, comme des vérités incontestables; sans cela, comment des choses aussi incompréhensibles, seraient-elles crues dans le monde entier? Moi aussi, je veux y être crédule, et je demande pardon à Dieu d'avoir été si longtemps à vouloir comprendre, lorsque je devais croire aveuglément en sa parole.

Jeudi, 23 Août 1849.

Le second mystère, est celui de l'Incarnation, c'est-à-dire le Fils de Dieu fait homme, conçu par l'opération du Saint-Esprit, et né d'une mère Vierge. Ce mystère provient naturellement de la Sainte Trinité, puisque les trois personnes divines s'y montrent, chacune en particulier, dans un acte différent de leur toute-puissance. Jésus y est reconnu pour le Fils du Père; dans toute sa vie sur la terre, le Sauveur a fait acte d'obéissance filiale aux ordres de la première personne divine; et cette première personne l'a proclamé son Fils devant la terre entière, lorsque Saint Jean baptisant Jésus dans le Jourdain, une voix se fit entendre et dit : « Celui-là est mon Fils bien-aimé, etc.» Quand Jésus alla dans le jardin des Oliviers, prier Dieu, avant l'heure de la trahison, alors dans un moment de lutte, entre la nature de l'homme et la nature de Dieu, dans un moment d'angoisse, il s'écria : « Mon Père ! faites que ce calice s'é- « loigne de moi.» La nature de l'homme, cette nature fragile, l'avait emporté un instant.[1] C'est encore une preuve (s'il en faut à ceux qui osent douter), c'est une preuve que Jésus-Christ était homme et soumis aux impressions humaines, comme nous. Mais quand Jésus eut prié, lorsqu'il eut élevé les yeux au ciel, pour lui demander de la force, lors-qu'il eut abaissé son front dans la poussière, pour s'humi-lier d'un moment de faiblesse,[2] alors il dit : « Mon Père! « si ce calice ne peut pas passer sans que je le boive, que

---

[1] La nature de l'homme ne l'avait pas emporté, mais Jésus-Christ, avant de surmonter les douleurs, a voulu les ressentir dans toute leur amertume.

[2] Jésus-Christ n'avait pas eu un moment de faiblesse, mais un trouble volontaire et mystérieux, dont il n'avait point à s'humilier.

« votre volonté soit faite ! » Ainsi, nous voyons par ces seules paroles, la manifestation entière des deux premières personnes de la Sainte-Trinité, et la manifestation de deux volontés ou actions différentes. C'est la volonté du Père qui donne au Fils le calice à boire jusqu'à la lie ; c'est la volonté du Fils qui s'incline et se soumet. Voilà la présence des deux premières personnes divines, démontrée distinctement. La troisième personne, le Saint-Esprit, s'y manifeste également dans toute la plénitude de sa puissance et de ses grâces. Lorsque l'Ange vint annoncer à Marie qu'elle serait mère de Dieu, Marie avait consacré sa virginité au Seigneur, et Joseph son époux en était le gardien. Dieu voulut respecter cette précieuse vertu, dans la plus humble de ses servantes. D'ailleurs, il voulait que son Fils bien-aimé naquît de Dieu même, que cette naissance miraculeuse fût resplendissante de pureté et d'innocence. Aussi l'Ange dit à Marie, qu'elle concevrait par l'opération du Saint-Esprit ; et Dieu le fit aussi connaître à Joseph, lorsque l'époux de la Vierge Sainte hésitait sur la conduite qu'il devait tenir à son égard. Voici donc où paraît dans le mystère de l'Incarnation la troisième personne de la Sainte-Trinité ; le Saint-Esprit, par l'opération duquel la Vierge concevra, et qui cependant n'est pas le Père du Fils de Dieu. Le Saint-Esprit n'est ici que l'instrument tout-puissant de la volonté émanée de la Sainte Trinité ; et cette volonté ne s'exécute tout entière, qu'à l'aide de trois actions distinctes et diverses des trois personnes.

Voilà ce que c'est que le mystère de l'Incarnation, celui sans lequel la religion chrétienne n'existerait pas, puisque cette religion est celle du Christ; et que le Christ est le Fils de Dieu fait homme. Il est donc indispensable de croire fermement à ce mystère, pour être chrétien; il faut y croire de toute la force de son cœur, et d'une foi inébranlable; la raison et l'intelligence seraient coupables, si elles cherchaient à élever des doutes, à côté de la foi, d'autant que la foi est bien douce à conserver lorsqu'elle est basée sur l'amour qu'on a pour ce Dieu [1], qui vous a fait ce que vous êtes, pour ce Dieu à qui vous devez l'existence et qui vous comble chaque jour de grâces nouvelles.

Samedi, 25 Août 1849.

Le troisième des mystères fondamentaux de notre religion, est le mystère de la Rédemption, c'est-à-dire le Fils de Dieu mourant sur la croix pour racheter les péchés des hommes. Le Fils de Dieu mourant de la mort que Dieu imposa à l'homme coupable en le chassant du paradis terrestre;

---

[1] Il ne faudrait pas conclure de ces paroles que la foi repose seulement sur l'amour de Dieu; elle est aussi d'accord avec la raison. C'est ce qu'on trouvera clairement exprimé à la date du 2 Septembre.

mourant, en souffrant les plus cruelles douleurs, en les souffrant comme tout mortel les souffre, au moment où l'âme s'échappe de son enveloppe charnelle, et où il ne reste plus que le corps qui va redevenir poussière. Sur la croix, Jésus n'était plus que le Fils de l'homme ; mais sa nature toute divine [1] donnait à son sacrifice un caractère si auguste, une puissance si immense que ce sacrifice fut la grâce de la rédemption pour le péché originel, et pour les âmes des justes qui n'avaient d'autre tache aux yeux de Dieu que celle du péché d'Adam. Jésus mourant était donc Dieu et homme tout ensemble ; homme parce qu'il a souffert les tortures les plus cruelles, et qu'il les a souffertes avec toutes leurs angoisses les plus poignantes. Ainsi lorsqu'il dit : « J'ai soif. » C'était bien le cri du martyre humain demandant un soulagement à ses maux. Lorsqu'il dit : « Mon Père, pourquoi m'avez-vous abandonné ? » C'était encore le dernier combat qui se livrait entre la nature humaine martyrisée et la nature divine qui voulait souffrir [2] pour répandre avec le sang qui coulait des augustes plaies, un torrent de grâces et de miséricordes sur le genre

____

[1] Jésus sur la croix était aussi le Fils de Dieu, il y était dans sa nature humaine qui souffrait seule, et dans sa nature divine qui donnait à ces souffrances un prix infini.

[2] La nature divine ne voulait pas souffrir parce qu'elle est impassible ; mais elle consentait aux souffrances de la nature humaine.

humain. Mais pourtant, sur la croix même, Jésus était le Fils de Dieu le Père, c'est-à-dire la deuxième personne de la Sainte-Trinité, et la puissance divine s'est révélée pendant et après son supplice : pendant, lorsque répondant au bon larron, il lui dit : « Vous serez aujourd'hui avec moi « en paradis. » Certes ce n'est que Dieu qui pouvait remettre les péchés à ce coupable repentant, et lui promettre une place près de lui dans le paradis de Dieu et des puissances célestes. Et quand Jésus, jetant un grand cri, eut expiré de la mort des hommes, alors le ciel s'obscurcit, la terre trembla, les tombeaux s'ouvrirent, le voile du temple se déchira ; et le centenier qui gardait le divin martyr, crut vraiment que c'était le Fils de Dieu. Le corps de Jésus, le Fils de l'homme, fut porté au tombeau par Joseph et les Stes femmes.

Là s'arrête l'histoire du Fils de l'homme, c'est-à-dire en tant qu'il vivait d'une vie mortelle ; le mystère de la rédemption est accompli ; un homme Dieu est mort du supplice des infâmes, pour purifier les hommes de la tache jusqu'alors indélébile du péché originel. Pour un si grand crime, il fallait une immense expiation. Près de cinq mille ans s'étaient écoulés, et cependant les hommes étaient toujours souillés comme au jour que le premier péché fut commis : la miséricorde de Dieu est si grande, qu'il souffrait, plus que l'homme, du fardeau que celui-ci portait en naissant et dont la vie la plus juste ne pouvait le soulager. Dieu pouvait et voulait pardonner; mais il lui fallait un sacrifice qui fût plus grand que le mal et digne d'obtenir la rémission entière pour les justes qui étaient morts; un sacrifice qui fléchît à jamais le courroux de Dieu pour les hommes qui devaient naître jusqu'à la fin des siècles; il n'y avait que Dieu seul qui pût accomplir ce sacrifice. Le Père exprima sa volonté, le Saint-Esprit en fut l'instrument, et le Fils se fit homme et devint notre Rédempteur.

Mon Dieu, je crois à ce saint Mystère et je suis heureuse d'y croire; je ne veux y voir, je ne veux y comprendre que l'amour incommensurable que vous avez eu pour nous, et si je pouvais vous aimer plus que je ne le fais, la pensée du divin Sauveur souffrant et mourant pour nous, m'attacherait à vous par un lien indissoluble d'amour.

------------ + ------------

Mardi, 28 Août 1849.

J'ai donc enfin compris ce que c'était qu'un moment de vrai bonheur; d'un bonheur qui ne laissera pas un regret; d'un bonheur auquel je suis heureuse de me livrer tout entière, sans arrière pensée; d'un bonheur, qui est pour moi comme un ciel d'azur, dont le plus petit nuage ne trouble pas la sérénité. Et je me le demande; est-ce que moi j'en étais digne? Est-ce qu'il y a quelques jours à peine, je ne regardais pas cette jouissance comme indifférente?

Oh! c'est que je ne l'avais jamais réellement goûtée, comme je la goûte aujourd'hui ; c'est que j'ignorais ce que c'était que la véritable joie, la paix de l'âme ; cette joie surabondante qui maintenant ne laisse pas place en mon cœur à une seule autre pensée ; cette joie qui laisse loin derrière elle, les moments du plus grand plaisir que j'aie jamais cru avoir.

Pourquoi donc est-ce que je sens en moi, un je ne sais quoi, qui m'est indéfinissable ? Pourquoi ai-je tremblé ? Je me le demande encore, en étais-je digne ? Puis-je croire que je suis pardonnée, moi qui ai été si coupable, moi qui étais si fière de ma raison et qui m'en servais comme d'une arme contre mon Dieu.

Aujourd'hui saint Augustin. Il a été un grand pécheur ; il a courbé son front dans la poussière, il s'est humilié, il a beaucoup prié et il a été pardonné !

Mais saint Augustin avait été corrompu par l'erreur, il vivait en dehors de la vraie foi, et il n'avait pas le frein de la religion pour vaincre ses passions bouillonnantes.

Moi, je vous avais toujours connu, mon Dieu ; je savais que vous étiez le Dieu d'amour, et je ne voulais vous aimer que si ma raison me le permettait ; je voulais raisonner un sentiment qui aurait dû être assez puissant en mon cœur, pour repousser toutes les attaques de ma coupable raison.

Est-ce que je mérite d'être pardonnée ?

Oui, mon Dieu, parce que vous êtes le Dieu bon, le Dieu de miséricorde, et que vous ne repousserez pas votre enfant qui vient à vous avec une foi aveugle, avec un amour profond, avec une confiance sans bornes, avec une reconnaissance incommensurable.

Maintenant, mon Sauveur à moi, mon tout, rendez-moi forte contre les tentations, forte pour vaincre les obstacles qui m'attendent, tant que je serai dans ce monde pervers, et ceux que j'aurai à franchir pour me consacrer tout à fait à vous. Je vous en ai fait la promesse mon Dieu ; je n'ai qu'un désir, celui de sortir au plus vite de ce monde auquel je n'ai été que trop attachée ; je n'ai qu'un désir, celui d'être toute à vous, et je vous demande, ô mon Dieu, de me conduire par la main dans la voie que je dois suivre pour arriver à ce but de tous mes vœux. Exaucez ma prière, mon Dieu ; que je serai heureuse le jour où je dirai adieu à toutes ces vaines choses qui m'ont tant attachée ! Quand arrivera-t-il ce beau jour ?

Bientôt, mon Dieu, n'est-ce pas ? J'avais soif ; j'ai bu à la fontaine d'eau vive ! J'avais faim ; j'ai mangé le pain de vie ! Me voilà prête à commencer mon grand voyage. Oh ! c'en est un bien grand, celui de toute une vie nouvelle. J'ai quitté pour jamais la voie que j'ai suivie jusqu'à présent ; j'ai dépouillé le vieil homme ; je ne veux pas quitter le droit chemin ; sans doute, il sera semé de pierres, il sera bordé d'épines ; mais la foi sera mon guide, et j'espère ne pas dévier.

———+———

Mercredi, 29 Août 1849.

———

Hier soir, je me suis mise à ma fenêtre ; le ciel était pur et parsemé de myriades d'astres étincelants ; la lune parcourait en souveraine l'empyrée et reflétait dans l'eau sa lumière argentée. Que de fois dans ma vie, me suis-je promenée en imagination dans ce monde éblouissant, dans ces contrées inconnues aux hommes ; et lorsque les yeux fixés à la voûte céleste, je pouvais, armée d'un peu de science nouvellement acquise, appeler les étoiles par leur nom ; lorsque je m'égarais dans ces descriptions, auxquelles ma folle du logis, comme dit Montaigne, avait plus de part que ma science, alors mon orgueil ne connaissait plus de bornes. Pauvre moi !

Hier aussi, j'ai levé les yeux, et puis je suis tombée à genoux. J'étais seule, seule avec mon Dieu que je possédais en moi. Et je me suis écriée : « Est-il possible, ô mon Dieu, que le Créateur de toutes ces merveilles qui m'entourent, est-il bien possible qu'il soit en mon cœur aujourd'hui ? Est-ce bien possible que la plus infime des

créatures, serve de temple à Celui qui l'a faite ? » En cette
pensée me comblait d'un bonheur inouï ; mais aussi, je me
répétais : « En suis-je digne ? »

Comment pourrais-je oublier jamais cette journée
d'hier ? Ma vie, quelque longue que Dieu me l'accorde,
ma vie entière, ne doit être qu'un repentir pour avoir
méconnu si longtemps le plus grand et le plus doux de mes
devoirs. Ma vie ne sera pas assez longue pour prouver à
mon Dieu que je sens tout ce que sa miséricorde infinie
m'impose, tout ce que mon cœur éprouve de reconnaissance ;
de cette reconnaissance que les paroles sont trop faibles pour
exprimer ; mais qui remplit mon cœur, mon âme et tout
mon être.

Jeudi, 30 Août 1849.

Quelle journée ai-je passée hier ? J'aurais dû être
heureuse encore, bienheureuse, en pensant que vingt-quatre
heures seulement me séparaient du moment où je m'étais
donnée tout entière à mon Dieu, et où mon Sauveur avait
daigné venir habiter en moi : Oh ! oui, j'aurais dû être
heureuse encore.

Loin de là, j'étais triste, et je souffrais d'une douleur
intime que je ne puis définir...... J'aurais voulu être toujours seule...... Je suis entrée à l'Église ; il n'y avait

que Dieu en moi : j'ai eu un moment de plaisir en voyant cette solitude ; je pouvais donc penser et penser avec Dieu. J'ai courbé la tête et j'ai voulu prier, mes lèvres remuaient et prononçaient des mots sans que mon esprit y fût. J'étais perdue dans une immensité de pensées, dans un vague inconnu.... J'aurais pleuré..... Je souffrais plus que je ne puis dire, et cependant j'étais heureuse de cette souffrance.

Une fois, j'ai levé les yeux ; ils se sont fixés sur un tableau du chemin de la croix ; Joseph et les Stes femmes portant Jésus au tombeau ; et puis en face de moi les instruments de la passion. Oh ! alors, j'ai pensé à ce que mon Dieu avait souffert pour moi ; j'ai pensé à la grandeur du sacrifice, à la grandeur de la victime ...... J'ai pensé à tout ce que je devais à mon divin Sauveur ; j'ai pensé à l'alliance que j'avais contractée la veille avec lui, et j'ai eu peur. Oh ! mon Dieu, ce n'est pas le courage qui me manque : demandez-moi ma vie, je serai trop heureuse de vous la donner ; mais plus je sens, plus je comprends que vos bontés et vos miséricordes pour moi sont infinies ; plus je veux vous prouver que je n'en suis pas tout-à-fait indigne.

Comment résister aux tentations qui viendront m'assaillir dans ce monde, où il faut que je retourne quelques mois encore ? Comment vaincre les obstacles pour le quitter ?

En puis, mon Dieu, que sont mon désir, ma volonté, si vous ne les exaucez ? Que puis-je, moi, pauvre ver de terre, si vous ne dites : « Je veux cette enfant à mon service, et je l'y mènerai moi-même ? » O mon Dieu, je vous l'avoue, maintenant que j'ai pu démêler les sentiments qui m'agitent; j'ai été et je suis encore bien coupable, j'ai manqué de confiance en vous, j'ai eu peur que vous ne m'abandonniez; et que puis-je sans vous ?

Je vous en prie, mon Dieu, comblez en ma faveur la mesure de vos grâces ; écoutez le cri de mon cœur; rendez-moi forte pour résister, forte pour vaincre, et je vous en supplie, abrégez le temps des épreuves et appelez-moi bientôt; oh! bientôt, où je voudrais déjà être.

Et vous, bonne Vierge, ma mère bien-aimée , vous savez si toujours j'ai eu foi en vous et en votre intercession; c'est à vous, je n'en doute plus, que je dois en partie les grâces dont Dieu m'a comblée depuis quelque temps. C'est encore à vous que je m'adresse aujourd'hui, à vous que je demande, du fond de mon cœur, de me tendre, du haut du ciel, une main secourable et maternelle, afin de soutenir mes pas chancelants, dans le sentier que je veux suivre. O bonne Vierge, obtenez-moi la grâce de sortir au plus vite de ce monde qui m'effraie.

O Marie, conçue sans péché, priez pour moi qui ai recours à vous.

Vendredi, 31 Août 1849.

C'est aujourd'hui la fête de ma mère. Pauvre mère ! que je voudrais que Dieu eût pitié d'elle ; elle souffre tant ! Je vais bien prier à la messe, je vais demander à Dieu qu'il ouvre les yeux à ma mère, qu'il lui fasse comprendre que dans la religion seule, elle trouvera de la consolation, et aussi une force divine qui diminuera ses souffrances ; car la force que l'on puise dans la philosophie, est une force factice, et lorsqu'on sonde son cœur, on voit le vide, on sent que cette force qu'on se croyait n'a pas de fondement.

Et pourtant, moi aussi, j'y ai cru à cette philosophie. Philosophie qui aime la sagesse..... Mais quelle sagesse ? celle que les hommes nous ont enseignée, des hommes qui adoraient des idoles d'or ou de bois, ou des idoles encore plus perfides, lorsqu'ils s'adoraient eux-mêmes.

Samedi, 1er Septembre 1849.

J'ai été plus contente de moi hier ; j'ai prié Dieu du fond de mon cœur ; j'étais pleine de confiance en ses bontés pour moi, et j'ai eu l'esprit tranquille.

J'ai pensé hier soir à cette philosophie dont j'ai été si enthousiasmée ; j'ai pensé à ces sciences qui vous rendent orgueilleux sans vous en apprendre souvent davantage. Comme, maintenant, cette philosophie me paraît misérable ! Je la regarde avec un œil scrutateur, et où vois-je cette sagesse sur laquelle elle prétendait se baser ? Pauvre sagesse, d'ailleurs, quand elle ne vient pas de Dieu.... Et puis quand on réfléchit que la philosophie des anciens, était toute matérielle ; les uns avec Épicure prêchaient les plaisirs des sens ; les autres avec Épictète la sévérité dans la vie extérieure.

Les dialogues de Socrate, dans Platon, m'ont fait plaisir à lire : Son Phédon sur l'immortalité de l'âme, est souvent digne d'avoir été pensé et écrit par un chrétien. Mais la philosophie de Socrate était trop belle pour son époque : ce grand génie avait souvent des sortes d'illuminations, de révélations d'une autre foi. Voyez dans Eutyphron comme il se déchaîne contre les dieux du paganisme ; aussi les prêtres de ce culte impie ne lui pardonnèrent pas ; et Socrate mourut, après avoir, en quelque sorte, révélé au monde un autre avenir religieux.

Lorsque j'ai lu ces dialogues, alors, j'étais philosophe dans la bonne acception du mot ; c'est-à-dire que j'aimais et admirais les maximes et les leçons de ce sage ; si j'en étais demeurée là, mais . . . .

Quand j'ai étudié le siècle de Louis XIV, quand j'ai vu cette exagération de fausse dévotion s'alliant aux mœurs les plus corrompues ; oh ! alors ma raison se révolta. Coupable raison; elle ne comprenait pas que Dieu permet souvent le mal, mais qu'il ne l'approuve jamais; que Dieu tolère le fanatisme, mais que son culte doit être simple et vrai pour lui plaire. Ma raison ne me disait pas tout cela; et elle s'élevait contre Dieu, plus encore contre l'Église; alors je ne comprenais pas que l'Église est la représentation de Dieu sur la terre.

Je me souviens d'avoir lu avec enthousiasme un extrait de l'Émile, de J. J. Rousseau: la profession de foi du vicaire savoyard. Il y a de belles et nobles pensées dans ce passage, et certes qui le lirait, ne pourrait croire que celui qui l'a écrit, est ce même Rousseau qui a fait tant de mal à la religion. Moi, je le répète, j'en étais enthousiasmée, je ne pensais pas que l'esprit du mal est habile à revêtir les formes les plus diverses; trop souvent, elles sont charmantes, et parlent au cœur et à la raison: il y a des poisons aussi doux que subtils qui s'infiltrent, malgré vous, dans votre âme et y font de cruels ravages. Je ne savais pas que l'esprit tentateur, peut, quelquefois, parler le langage de Dieu, pour donner confiance à ceux qui manquent de prudence, et qui se laissent prendre à ses belles et perfides maximes.

Une fois le premier pas fait dans la voie du scepticisme, on y marche vite. Quand j'eus lu dans Rousseau, je me dis: « Au fait, pourquoi ne pas suivre la religion

« naturelle ? Pourquoi ne pas croire simplement à un Être
« suprème et lui accorder un culte d'amour dans notre cœur,
« sans avoir besoin de croire à une Église qui se dit bien la
« représentation de Dieu, mais qui ne peut nous le prouver;
« sans ajouter foi à une religion qui nous oblige à croire
« à des mystères, que la plus grande intelligence ne peut
« analyser ? »

Voilà où j'en étais arrivée ; une fois, que je ne croyais
plus à l'Église, plus aux mystères, je n'étais plus catholique;
et de chrétienne je n'avais plus que le nom. J'appelais le
Dieu que je m'étais fait, Jésus-Christ, parce que je l'avais
toujours connu sous ce nom ; mais (oserai-je l'avouer?) si
le nom de Jupiter ne m'eût pas rappelé les mœurs infâmes
que l'histoire prête au roi des dieux du paganisme, si je
n'eusse pas rougi de donner ce nom prostitué au Dieu que
que j'adorais dans le fond de mon cœur, alors que m'eût
importé d'appeler Jésus, ou Jupiter, ou Odin, cet être
imaginaire, Créateur de toutes choses, dont j'avais fait mon
Dieu ? Les pratiques de dévotion me semblaient rabaisser
la religion, d'après la manière dont je comprenais le culte
de ce Dieu, et elles me donnaient pauvre opinion de ceux
qui s'y livraient.

Est-ce bien possible que j'aie pensé ainsi ? C'est ma
confession que je me fais à moi-même. Jamais je n'avais
encore osé chercher en moi tout ce que je pensais alors;

jamais je n'avais interrogé ma conscience sur ces erreurs criminelles de ma raison. Aujourd'hui je l'ose; je suis bien aise de voir jusqu'où je m'étais égarée.

O mon Dieu ! que votre miséricorde a été grande de me retirer du fond du précipice ! Mon Dieu, que vous êtes bon ! Pourrai-je jamais en faire assez pour oublier moi-même ce que j'ai été ? Mon Dieu, je crois que vous m'avez pardonné, parce que je sais que rien n'est au-dessus de votre miséricorde. Mais mon Dieu, moi, je ne me suis pas pardonné, je veux que ma vie entière, serve à expier mes fautes si grandes, ces fautes qui me font reculer d'épouvante, maintenant que je les comprends. Le jour où je remettrai mon âme entre vos mains, mon Dieu, si toute ma vie, mon repentir m'a donné la force de résister aux tentations, et d'expier celles auxquelles j'ai succombé; alors mon Dieu, je vous demanderai votre dernier pardon sur la terre, et je me pardonnerai aussi.

————— + —————

Dimanche, 2 Septembre 1849.

Le chapitre que je viens de lire dans le catéchisme, m'a fait plaisir; hier j'avais pensé les mêmes choses, et j'en suis si persuadée, que je me demande comment avec mon esprit raisonneur, j'ai été si longtemps à découvrir ces vérités. C'était sur la foi. Il y a quinze jours encore, je lui disais que je voulais croire, mais que je n'osais pas m'interroger sur ma foi, si neuve, si frêle encore. Il y a quinze jours, j'étais comme un voyageur qui veut résister à la tempête, et s'accrocher aux appuis les plus fragiles ; je ressemblais à celui qui veut gravir une montagne et qui se sent prêt à glisser à chaque pas ; il saisit un arbrisseau, une fougère pour se retenir. Moi, j'avais aussi à résister à une tempête ; celle que ma raison abattue, humiliée, mais non encore convaincue, voulait soulever dans ma tête qui bouillonnait. Moi aussi, j'avais à gravir une montagne, celle au haut de laquelle passe la voie que je n'aurais jamais dû quitter, et qui mène à Dieu ; la montagne d'où m'avaient précipitée ma raison coupable et mon orgueil plus coupable encore. Alors je sentais que je ne pouvais triompher de ces périls que par une foi aveugle ; que l'essai seul du raisonnement me replongerait dans tous ces doutes dont j'étais trop heureuse de triompher.

Maintenant il n'en est plus de même ; je raisonne ma foi ; et grâce à Dieu elle est inébranlable, et s'affermit tous les jours.

Je croyais bien à la science humaine ; comment ne croirais-je pas à la science de Dieu, c'est-à-dire, aux vérités de la religion ? Et cette science humaine, sur quoi donc s'appuie t-elle ? Je le demandais vendredi à une incrédule dont Dieu n'a pas encore ouvert les yeux.

94.

Au temps où les Israélites voyageaient dans le désert,
pour se rendre en terre sainte, Josué, voulant achever la
victoire sur les ennemis du peuple de Dieu, demanda au
Seigneur d'arrêter la course du soleil, afin d'allonger le jour.
Alors on croyait que le soleil marchait et que la terre
était immobile ; c'est le système que nous enseigna plus
tard le mathématicien Ptolémée. Dans le moyen âge, un
homme de grand génie, Galilée, crut découvrir l'erreur
de ce système et prouva que la terre tournait ; mais les
savants méprisèrent cette opinion, qui détruisait la science
qu'ils professaient, et Galilée fut enfermé dans une prison
d'Italie. Lorsqu'il mourut, on trouva sur les murs du
cachot des figures représentant un soleil immobile, et
une terre opérant autour de lui sa révolution et au-dessus
de la terre étaient écrits ces mots : « E pur si muove, » et
cependant elle se meut. Depuis, la science fit des progrès,
et Copernic nous fit adopter ce système. Qui nous dit que
dans cinq cents ans, tout cet échafaudage de science, ne
sera pas encore détruit ? Pauvre science, celle qui ne
s'appuie que sur des hypothèses ! Grande religion, celle
qui est invariable et universelle, comme Celui sur qui
elle repose ! Le souffle du destin emporte souvent le savant
et sa découverte. Lavoisier sur la charrette révolutionnaire,
marchant à l'échafaud, se frappait le front en s'écriant :
« Il y avait pourtant quelque chose là. » Il est mort et

son secret avec lui ; et dans deux mille ans, si le monde
existe encore, se souviendra-t-on de cet homme et de tant
d'autres dont les noms brillèrent dans les sciences ?

La religion est toujours là ; elle résiste à tous les orages ;
elle triomphe des dissidences qui s'élèvent par fois dans son
sein, et l'anathème de Dieu est prononcé sur les coupables qui
parjurent leur foi. La religion du vrai Dieu, s'étend sur les
terres et sur les mers ; elle est une partout, et n'a qu'un
système jusqu'à la fin des temps. Dieu n'est-il pas l'Alpha
et l'Oméga, le commencement et la fin ? Les hommes peuvent bien, en imagination, faire marcher le soleil ou la
terre, mais Dieu, lui, est immuable ; et la religion l'est
avec lui. Aussi la foi en Dieu doit être, comme la religion,
inébranlable.

Lundi, 3 Septembre 1849.

Dire ce que j'ai senti hier soir, me semble impossi-
ble, j'étais triste, mais d'une tristesse qui me rendait si heureuse :
de ma vie, je n'avais éprouvé une pareille sensation.

Toute la journée, je puis dire que je ne m'appartenais
pas ; ce n'était pas moi qui pensais ; ce n'était pas moi qui
parlais. Bonne maman m'a parlé miracle : je lui ai
raconté celui de la Sœur Javelle, et en le lui racontant,
il me semblait ressentir tout ce que cette trop heureuse

Sœur a dû éprouver, lorsque Dieu a opéré en elle ce miracle. Je l'ai dit à bonne maman avec une confiance si grande, si extraordinaire, qu'elle n'a pu tourner mes paroles en ridicule; elle a compris que j'étais persuadée.

Comment, est-ce bien moi qui proclame maintenant ma foi aux miracles ? Est-ce moi qui ne comprends même plus le doute à cet égard ? Oui, mais ce n'est plus le moi d'il y a quelques semaines; ce moi qui était si bien le principal objet de mes pensées, ce moi trop orgueilleux, trop superbe pour croire à un miracle.

Et cependant comment ne me suis-je pas dit plus tôt, ce que je me répète sans cesse maintenant : «Dieu nous « a donné la vie et nous l'a reprise ; Dieu ne peut-il pas, aussi «bien, ranimer ce corps privé de mouvement ? »

Toutes ces merveilles, tous ces phénomènes que la science enregistre chaque jour, ne sont-ce pas autant de miracles que Dieu opère ? Pourquoi ne croirions-nous pas à la guérison miraculeuse d'une paralytique, lorsque nous croyons aux phénomènes de l'électricité ; de la foudre, frappant un enfant sans le blesser, ou tuant un être animé sans que l'on voie où le coup l'a frappé ? Mais voilà ce que nous sommes, nous autres hommes ; nous croyons parce que nous pouvons conserver l'espérance de découvrir un jour la cause de ces effets surprenants: pour les miracles de la religion, nous trouvons au-dessous de nous de convenir que les reliques des Saints ont, par la grâce de

Dieu, la puissance d'opérer des miracles. Et pourquoi le trouvons-nous au-dessous de nous ? Parce que nous savons que ce sont des mystères que toute notre science ne pourra jamais pénétrer.

À présent, moi, je me trouve très heureuse de croire aux miracles ; cela augmente ma foi et ma confiance en Dieu.

Hier soir je me suis promenée seule, sur la terrasse ; j'étais seule et pourtant, je ne l'étais pas : voilà ce que je ne cherche pas à m'expliquer, et cependant ce qui est bien vrai. J'obéissais à une force inconnue qui dirigeait toutes mes actions ; j'ai sorti de ma poche mon cher petit chapelet et la relique de Saint-Vincent.

Est-ce bien moi, moi qui méprisais les reliques, moi qui traitais le chapelet de pratique banale et ridicule ? Mais, je le répète, hier soir, ce n'était pas moi qui agissais. J'ai roulé mon chapelet à mon bras ; jamais je n'ai eu un bracelet qui m'ait aussi parée. Je tenais la petite croix d'une main ; la lune la faisait resplendir. Je parlais avec mon Dieu, il me semblait qu'il me répondait ; je pleurais et puis je me sentais si heureuse : oh ! si heureuse ! jamais, jamais, je n'ai eu un pareil bonheur. Je pressais la petite croix de mes lèvres ; je la serrais dans mes doigts, et j'étais heureuse. Il y avait un tout petit coin obscur, que la lune n'éclairait pas ; je me suis mise à genoux, et j'ai dit à mon Dieu que je l'aimais de tout mon cœur, de toutes mes forces et par-dessus toutes choses.

J'ai demandé à la S.te Vierge de me regarder comme sa fille, et de me conduire à Dieu. J'ai prié Saint Vincent de demander à Dieu la grâce de devenir ce que je voudrais déjà être. Oh! que j'ai été heureuse; il me semblait que je n'étais plus sur la terre.

Puis, je me suis assise, les yeux levés au ciel; je le voyais parsemé d'étoiles brillantes: quelques-unes filaient comme des météores, et disparaissaient. Les hommes cherchent à imiter cela, pour la fête des rois de la terre; moi je pensais que c'était pour moi un jour de fête, et que mon Dieu voulait m'en donner le bouquet. Puis, je pensais, je pensais toujours. Mes yeux se sont fermés; je ne dormais pas, et pourtant je ne veillais pas, j'étais si heureuse!..... L'horloge a sonné neuf heures; je suis redevenue la pauvre petite créature, indigne que Dieu la comblât de tant de grâces; mais je n'ai pas voulu redescendre sur le monde de la soirée. J'ai baisé les cheveux blancs de mon grand père; j'ai baisé le front de ma grand mère en disant: «Oh! si elle «pouvait croire!» Et puis je suis venue pour adorer mon Dieu, avant de m'endormir. Mais il m'a fallu parler de choses si sérieuses avec mon incrédule, que le charme divin, sous lequel j'étais encore, a été rompu; seulement Dieu m'a fait la grâce d'être calme et froide pour répondre à toutes ces provocations de l'esprit du mal, qui mettaient mon cœur au supplice; j'ai eu le calme de la foi et la fermeté de la persuasion sans bornes.

O mon Dieu, merci ; je n'étais pas digne d'être si heureuse hier.

Mardi, 4 Septembre 1849.

Je suis mécontente de moi ; je viens d'avoir un retour vers le monde, qui m'a impressionnée plus que je ne puis le dire. J'ai reçu une lettre de ma mère ; elle me dit avoir eu la visite des deux jeunes femmes avec lesquelles j'ai toujours désiré entrer en relation ; j'ai pensé que je les verrais au commencement de l'hiver à Paris, et je regrette maintenant ces rapports que nous devons avoir ensemble.

Philippe m'écrit aussi ; il me dit que ma mère est dans l'intention de me mener beaucoup dans le monde cet hiver. C'est singulier, je ne le redoute pas, le monde ; je le connais assez ; je sais ce qu'il vaut. Pauvre mère, je devine bien pourquoi, elle veut sortir cet hiver ; elle espère ainsi m'ôter l'idée de me faire sœur. Oh ! ma chère idée, je ne l'abandonnerai pas aussi facilement. Avec la grâce de Dieu, la protection de la Sainte Vierge et l'intercession de Saint Vincent, je triompherai des tentations, je vaincrai les obstacles, et avant un an d'ici, je serai dans ce bienheureux séminaire que j'appelle de tous mes vœux. Certes, je ne me fais pas illusion ; j'aurai bien des épreuves à surmonter.

j'aurai des sacrifices à faire ; je suis sûre que le démon prendra pour me retenir les formes qui me parleront le plus au cœur ; mais, je sais aussi, que Dieu ne m'abandonnera pas ; je mets en lui ma confiance entière et toute mon espérance. Dieu aura pitié de ma faiblesse ; il me rendra forte comme un lion pour lutter, et je le remercie de m'envoyer déjà de petites épreuves, qui servent à me préparer aux combats plus rudes que j'aurai à soutenir.

Me voici toute ranimée ; cela m'a fait du bien de me parler raison à moi-même ; je ne pense plus à ce qui m'avait un peu troublée. Merci, mon Dieu, cela me prouve que mes impressions seront passagères, tant qu'elles ne vous auront pas pour objet.

Hier ma journée s'est passée tristement ; j'ai eu à lutter contre une pression physique et morale ; je crois que Dieu m'a inspirée le soir : j'ai parlé au cœur de la personne qui me tourmentait, et elle a répondu. Je suis bien plus contente d'elle. Pourvu que cela continue, et que ce ne soit pas un moment de calme entre deux orages ; mais je me le répète, il faut que je m'attende à beaucoup d'épreuves et que je m'exerce dès à présent. Dieu seul, peut m'en faire triompher ; et je lui demande à chaque heure du jour : de la force, du courage, et une espérance sans bornes en mon divin Maître. Que sa volonté soit faite !

———— + ————

Mercredi, 5 Septembre 1849, 5 h. du soir.

O mon Dieu, je vous aime de tout mon cœur, de toute mon âme, de toute ma force et par-dessus toutes choses.

Merci, mon Dieu ; vous avez été bon et mille fois bon pour votre créature.

Aujourd'hui s'il m'avait fallu avoir une preuve de votre amour paternel pour moi, je l'aurais eue ; mais je n'en avais pas besoin ; je sais que vous m'aimez, mon Dieu.

Je mets toute mon espérance en vous, Seigneur, mon Dieu : j'ai confiance en vos bontés et vos miséricordes infinies.

Mon Dieu, soyez avec moi et je serai victorieuse, et je serai heureuse, parce que, avec l'aide de votre sainte grâce, j'obtiendrai ce que je désire.

Encore merci, mon Dieu, votre enfant est trop fortunée d'avoir un Père tel que vous.

Jeudi, 6 Septembre 1849, 8 h. du matin.

Je suis bien contente. Hier soir j'éprouvais quelque chose qui me désolait ; j'ai dit mes prières sans pouvoir y penser ; j'avais des distractions ; je m'endormais ; enfin je tremblais de ne pouvoir pas être maîtresse de mon esprit ; je sentais bien que c'était une tentation, et que sans doute

Dieu voulait me laisser essayer mes forces. Mais comme, à présent, je sais que je ne puis rien sans le secours de Dieu, comme je suis très persuadée de ma faiblesse, lorsque je suis livrée à moi seule, je n'ai pas voulu m'endormir en pareille disposition : et j'ai eu recours à un remède que mon cœur m'a inspiré. Il y a deux mois, j'aurais souri de pitié, si l'on m'en avait raconté autant d'une autre ; maintenant, je trouve qu'il n'y a rien au-dessous de la raison, quand on le fait avec foi. J'ai toujours le soin, en me couchant, de mettre sous ma tête, le petit sac où sont mon chapelet et la relique de Saint Vincent : il me semble que je dors plus tranquille. Est-ce un enfantillage ? C'est possible, mais je ne demande pas mieux d'être enfant à ce prix : un enfant qui n'agit que par l'impulsion de son cœur, est bien plus heureux que la grande personne qui s'en rapporte à la froide raison, en fait de piété.

Enfin, hier soir, j'ai donc tiré mon cher petit chapelet, je l'ai attaché à mon cou, et j'ai prié la Ste Vierge de m'ôter toutes ces mauvaises pensées qui me tourmentaient ; je me suis endormie en tenant la croix dans ma main. Est-ce un enfantillage ? Ce matin, j'ai prié avec ferveur ; j'ai demandé à Dieu, d'être toujours avec moi ; j'ai demandé à la Ste Vierge de guider les pas de la plus humble de ses filles ; j'ai demandé à mon ange gardien de veiller sur moi.

Depuis que j'ai fait ma prière, je suis toute autre ; je suis plus légère et plus tranquille ; il me semble qu'aujourd'hui, je serai forte pour combattre mon mauvais génie, et avec la grâce de Dieu , j'espère bien pouvoir me dire ce soir en me couchant : « J'ai passé une bonne journée ; je « suis satisfaite, car j'ai lutté et j'ai vaincu ! »

Mon Dieu, soyez avec moi .

Vendredi , 7 Septembre 1849.

J'ai reçu une lettre de Marie de L...... ; elle me parle encore de ma non vocation, etc. Au premier moment, cela m'est désagréable à lire ; ensuite, j'en suis bien aise, car cela me donne l'occasion de lui répondre et de refléchir sur un sentiment qui m'est tout d'abord venu du cœur. Quand je me rappelle qu'en cette bienheureuse année 1843, j'écrivais, moi aussi, à Marie sur la religion : quelle différence entre le moi d'alors et le moi d'à présent . Je combattais la foi de Marie avec les armes d'un sophisme qui me paraissaient irréfrayable ; j'étais pour la pauvre Miette[1] le génie du mal, cherchant à vaincre sa piété par une dialectique, qui, selon moi, ne devait rien laisser à répondre.

Aujourd'hui, je suis heureuse de retrouver ma pauvre Miette ; ce n'est plus à son esprit que je m'adresserai, c'est à

---

[1]   Miette , nom familier, synonyme de Marie.

son cœur, qui comprendra le mien. J'aimerai à causer avec elle, nous nous entendrons. C'est bon, quand on n'a qu'un même sentiment.

Je viens de commencer ma réponse à Marie ; je lui ai dit que sa lettre m'avait inspirée ; je suis contente, j'aime tant pouvoir parler de cette idée qui me préoccupe tellement. J'ai mais tant à écrire, à faire ce que dans le monde on appelle de l'esprit, c'est-à-dire à bâtir un échafaudage de mots redondants sur de véritables riens. A présent, je trouve cet esprit si bête, que je ne sais plus que dire quand j'écris à des personnes auxquelles je ne puis pas parler de mes chères pensées. Je me suis moquée de Marie devenue bête ; le bon Dieu m'a infligé la peine du talion : je le suis autant qu'elle, et j'en suis très satisfaite. Le monde me trouvera moins amusante ; moi, je me trouverai plus de bon sens, et d'ailleurs que m'importe le monde ; est-ce que je veux vivre pour lui ?

5 h. du soir.

Demain, demain je posséderai mon Dieu, il viendra dans mon cœur ; il sera mien. Quel bonheur ! Je ne voudrais pas mourir avant ce moment ; je serai si heureuse quand mon Sauveur viendra habiter en moi.

Aujourd'hui il m'a fallu lui faire un sacrifice à mon Dieu ; il m'en a coûté beaucoup d'abord, pour ne pas me plaindre intérieurement ; je suis bien aise que ce soit aujourd'hui que le ministre de Dieu, ait exigé cela de moi : avant-hier, j'étais peu disposée à suivre à la lettre des conseils qui me semblaient un peu sévères. Aujourd'hui, j'étais heureuse de penser que mon Jésus consentirait à me pardonner mes fautes et à venir en moi ; j'étais si heureuse que j'ai promis franchement de faire sur moi l'effort qu'on me demandait. Mon cœur en souffre, mais je suis sûre que Dieu me dédommagera de ce sacrifice, qui est plus grand pour moi qu'on ne croirait. C'est demain ! Voilà une bonne pensée de fin de journée : je m'endormirai, ce soir, bercée par l'espérance.

Aujourd'hui, j'ai été douloureusement impressionnée, par la vue d'un enterrement de protestant. Que c'est froid au cœur ; comme cela parle peu à l'âme !.. Pauvres gens ! je les plains ; aussi, ai-je demandé à Dieu de jeter un regard de miséricorde sur la dernière dépouille de cet homme ; il n'est guère coupable, lui qui est ignorant et qui, je le pense, croyait à un Être suprême, sans s'occuper de la religion : aussi, je l'espère, Dieu aura pitié de lui, et abrégera le temps de son supplice.

Quand je pense que quelqu'un que j'aime tant aura le sort des damnés : oh ! cela me fait mal. Mon Dieu, je vais prier pour elle.

Samedi.

Samedi, 8 Septembre 1849.

Il est à moi mon Sauveur ; je le possède au fond de mon cœur. Certes le plus grand des bienfaits que Jésus ait accordé aux hommes, c'est de venir habiter dans notre enveloppe mortelle. Cela ranime le courage du repentir ; cela donne de la force à l'être le plus faible ; cela console toutes les douleurs.

Oh ! pourquoi y a-t-il tant d'incrédules qui se privent d'un tel bonheur ?

Je voudrais que tous ceux que j'aime, pensassent comme je pense maintenant ; ils ne comprennent pas quelle source abondante et inépuisable de jouissance serait pour eux la possession de notre divin Sauveur.

La femme qui souffre, y trouverait une force surnaturelle pour porter sa croix, et un baume souverain qui adoucirait ses maux. L'homme ardent et impérieux y puiserait du calme et de la fermeté pour triompher de ses passions. Les jeunes gens acquerraient un guide précieux qui les soutiendrait dans les combats de la vie.

O mon Dieu, vos bontés pour votre servante sont si immenses, que j'ose encore aujourd'hui y avoir recours : faites-moi la grâce, ô mon Sauveur, d'ouvrir les yeux à tous ceux que j'aime ; c'est du fond du cœur, de ce cœur où vous avez daigné descendre, il y a peu de moments, que je vous adresse cette fervente prière, et j'espère que vous l'exaucerez, car, Seigneur, mon espérance en vous est sans bornes.

Tout à l'heure, à la messe, j'ai eu la pensée de m'être agréable à moi ; heureusement je disais mon cher petit chapelet ; la Sainte Vierge et mon Sauveur m'ont donné la force nécessaire pour ne pas y céder. Quand je parle de force, on croirait qu'il s'agit de choses bien sérieuses et difficiles à supporter ; oui pour moi, il m'en coûte beaucoup.

————— + —————

Dimanche, 9 Septembre 1849, 8 h. du matin.

Hier soir, j'ai été triste, bien triste ; je me suis promenée quelques instants sur la terrasse ; je craignais d'entendre le seul bruit de mes pas. Je pensais dans l'infini. Quelles sensations, jusqu'alors inconnues pour moi.... J'aurais été contente d'être seule au monde, seule avec Dieu ! Il m'a fallu rentrer au salon ; mes grands parents m'ont trouvée préoccupée, j'ai dit que non ... non ......

J'ai pensé à l'avenir.

Ce matin je suis plus triste encore ...... J'ai bien prié, et je suis contente, car il m'a semblé que Dieu me rendait forte.

Oh ! cet avenir, quand donc viendra-t-il ?

Cette tristesse me fait du bien en quelque sorte ; c'est

alors que je suis toute à Dieu, je ne songe qu'à lui. Mon Dieu est aussi plus à moi. Il me parle au cœur.

6 h. du soir.

Mon Dieu que votre volonté soit faite !

Qu'est-ce encore auprès de ce qui m'attend peut-être? qu'est-ce auprès de ce que mon Sauveur a souffert pour moi?

Mon Dieu, je vous aime par dessus toutes choses, et je mets toute mon espérance en vous......

Que votre volonté soit faite ! Ne me laissez pas succomber à la tentation ; délivrez-moi du mal. Ainsi soit-il.

Sainte Vierge, ma chère mère, maintenant je porte votre livrée ; protégez-moi et priez pour moi.

———————+———————

Lundi, 10 Septembre 1849, 8 h. du matin.

——————

La soirée d'hier m'a semblé bien longue ; j'étais si triste. Heureusement mes tantes m'ont demandé de les accompagner ; je suis revenue par mon chemin favori ; il faisait nuit, assez pour qu'on ne me vît pas ; pas assez pour que mes yeux n'aient pas trouvé ce que je cherchais. Je suis restée quelques minutes appuyée contre un arbre, et puis l'une est rentrée dans la maison des pauvres, l'autre a repris le chemin du château, mais bien lentement ; je pensais où habitait le bonheur.

Avant-hier, bonne maman m'a reproché de ne plus faire de la musique ; hier je n'y avais guère le cœur, mais je me suis dit qu'il fallait sacrifier à ses devoirs, et c'en est un pour moi de plaire à ma pauvre chère bonne maman. Je me suis mise au piano.... seule, sans lumière.... Je pouvais faire mouvoir mes doigts, et penser tout à la fois.

Je ne puis dire l'impression que m'a faite le premier accord ; il fallait me mentir à moi-même, en jouant des choses gaies, lorsque j'étais si triste ; les larmes me sont sorties des yeux. Au moins encore, j'étais seule et personne ne me voyait ; mais quand il faudra paraître dans le monde, au commencement de l'hiver, quand il faudra me composer un visage...... Oh ! je n'y puis penser.

Je demanderai à mes parents, de ne pas me faire aller dans le monde ; y consentiront-ils ? Peut-être ma mère ; mais mon père ?

Je ne sais pas ce que j'ai joué hier soir ; mes doigts allaient et venaient, et mes esprits étaient perdus dans l'immensité. Il me semble pourtant que j'ai trouvé l'air du Regina cœli ; je l'ai répété bien des fois ; il me parlait au cœur.

Quand j'ai cru avoir assez fait pour le monde, j'ai abandonné cette partie de ma tâche, et je suis venue passer quelques bons moments avec les pauvres.

Bonne maman m'a fait compliment du morceau que j'avais joué ; tant mieux, elle ne s'est pas aperçue que j'avais enchaîné des notes les unes avec les autres, sans les comprendre moi-même ; tant mieux, car je pourrai penser à moi seule, au moins pendant ce temps-là

4 h. du soir.

Je commence à prendre sur moi et à avoir de la raison ; mais une sage raison cette fois : celle qui me dit de souffrir patiemment les persécutions qui maintenant vont m'assaillir sans cesse ; encore si j'étais sûre de n'en avoir pas de plus dures à supporter. Aujourd'hui je suis toute à Dieu, et il me semble que je suis au-dessous de toutes les misères de cette vie : c'est une grâce que mon Seigneur m'accorde, et dont je le remercie de tout mon cœur. Oh! qu'il daigne me la conserver cette faveur ; elle est si précieuse ; c'est un bouclier invulnérable contre toutes les attaques.

Il y a quelques jours, je craignais qu'un nouvel orage ne vînt gâter le calme dont je jouissais ; je ne me suis pas trompée. Faut-il qu'une personne que j'aime si véritablement, prenne un semblable plaisir à me tourmenter et à m'éloigner d'elle, moi qui n'étais que trop portée à lui ouvrir mon cœur en tout et pour tout. Hé bien, maintenant, je cherche à lui tout cacher, je la fuis..... cela me fait de la peine ; jamais je n'aurais cru en arriver là avec elle.

Mais que dire à une personne qui méconnait sans cesse la loi de Dieu ; qui prétend remplir ses devoirs par ce que sa conduite est régulière, et qui, en même temps néglige le premier et le plus grand de tous les devoirs, le culte d'amour et d'obéissance que toute créature doit à son Créateur ?

Elle ne devine pas combien je suis triste de la nouvelle conduite que je suis obligée de tenir avec elle ; j'aurais été si heureuse que son cœur comprît le mien.

Au reste, ici, je ne puis pas trop me plaindre ; j'ai trouvé un cœur à qui le mien appartient tout entier, en Dieu : un cœur sur lequel je compte, comme il peut compter sur le mien, tant qu'il battra dans mon enveloppe mortelle. Pourquoi est-ce que nous ne serons pas toujours ensemble ? Hé bien, si je savais qu'aussitôt mon départ, j'aurais le bonheur d'entrer dans cette carrière que je veux embrasser, avec la grâce de Dieu, je dirais : partons demain, et aujourd'hui plutôt que demain. Je l'aime pourtant bien, et je ne sais vraiment comment je ferai pour m'en séparer. Ce sera encore une épreuve, et une bien pénible.

———————

Mardi, 11 Septembre 1849, 8h. du matin.

J'ai fait de la musique hier soir ; bonne maman en a été ravie ; elle m'en a remerciée comme d'une grâce que je lui aurais faite ; et puis elle m'a encore demandé pourquoi j'étais triste.

Les yeux d'une mère sont clairvoyants ; j'ai beau vouloir prendre sur moi (et hier, j'ai vraiment fait des efforts pour y parvenir), cela n'empêche pas bonne maman de s'apercevoir qu'une pensée grave me préoccupe sans cesse.

Et comment ne pas être préoccupée, lorsqu'il s'agit de ma vie tout entière ; lorsqu'il s'agit d'obtenir de mes parents un consentement que je les sais peu disposés à me donner ? Et puis, quand je songe qu'il me faut, pendant des mois encore, me composer pour le monde, pour ma famille même, une manière d'être toute différente de ce que je serai au fond de mon cœur.

Avant-hier bonne maman me demanda avec insistance, si j'aimerais à venir encore passer du temps avec elle ; cela m'a fait mal de devoir lui répondre en souriant une banalité : une banalité, lorsqu'elle me parlait si tendrement......

Il me faut du courage ; je n'en manque pas ; mais ce qu'il me faut surtout, c'est le soutien et la force que

Dieu seul peut me donner ; je le lui demande à chaque heure du jour ; je le lui demande la nuit lorsque je m'éveille.

Moi, qui ai toujours eu si grande, si haute opinion de moi-même ; moi qui pensais n'avoir besoin de ne me reposer que sur mes propres forces, du soin de ma conduite morale, maintenant je suis effrayée de ma faiblesse, et je ne puis assez implorer mon Dieu, pour qu'il guide tous mes pas et qu'il les affermisse. Je suis, à présent, si persuadée que sans Dieu je ne puis rien, que sans Dieu ma barque fragile se brisera aux premiers écueils. Aussi, chaque jour, je demande à mon ange gardien de veiller sur moi, comme sur un enfant au berceau.

Je me souviens d'avoir vu, il y a quelques années, au salon, à Paris, un tableau qui m'a tellement frappée, qu'il s'est en quelque sorte gravé dans ma mémoire : il représentait la Marguerite de Faust, en prières, à l'Église. Son mauvais génie vient la tenter jusque dans la maison du Seigneur, et l'ange gardien de la jeune fille est dans le fond, la tête à moitié voilée par ses ailes ; il gémit et pleure, car il se voit vaincu par le génie du mal : il voit que Marguerite prête l'oreille, et il sait qu'une fois entré en nous, le poison s'infiltre promptement jusqu'au cœur ; il sait que Marguerite est perdue et que Dieu lui demandera compte, à lui, de cette âme qu'il était chargé de protéger, et qu'il n'a pu sauver.

Je sens encore l'impression que me fit ce tableau. Aussi, depuis ce jour, quoique je fusse bien peu religieuse, je priais chaque soir mon ange gardien ; à présent, plus que jamais, je me trouve si faible pour résister aux chocs et aux tentations ! Mon Dieu ne m'abandonnez pas, je veux être à vous, toute à vous, et seulement à vous.

— ✦ —

Mercredi, 12 Septembre 1849, 5 h. du soir.

Que de choses se sont passées pour moi dans cette journée ! Je voulais cacher encore à ma mère, mon cher projet ; mais le cœur a parlé, et aussi une inspiration à laquelle j'ai obéi. Dans quatre jours ma mère saura tout, par moi-même ; je lui ai fait entendre que j'écouterai toujours la voix de Dieu, quand même mes parents refuseraient leur consentement. . . . Que va-t-elle dire ma mère ? J'attends sa réponse avec anxiété.

Je suis contente d'avoir parlé à maman, à cœur ouvert ; et puis la franchise touche le cœur d'une mère ; elle ne pourra pas m'en vouloir de n'avoir pas eu de secret pour elle. D'ailleurs, je le lui ai dit, un mois plus tôt ou un mois plus tard, il fallait que d'ici à peu de temps, elle fut sérieusement prévenue. J'aime mieux l'avoir fait moi-même ; le premier choc sera reçu ; elle m'aura déjà exprimé sa manière de voir à cet égard, et nous saurons mutuellement à quoi nous en tenir quand nous nous verrons.

Pauvre mère ! selon moi, il y a du bon et du mauvais dans ce qu'elle a bien voulu m'écrire. Maman ne s'aperçoit pas qu'elle est seulement déiste, en tout et pour tout. Elle reconnaît et adore un Être suprême, et elle agit en vue de lui plaire ; mais de religion, point. Ma mère croit qu'il nous est permis à chacun de borner notre foi à ce que nous croyons nécessaire ; elle croit que l'Église s'arroge des droits et des pouvoirs que Jésus-Christ ne lui avait pas conférés. Je la plains, ma mère ; car elle se prive d'une grande source de joies ou de consolations, en se retranchant elle-même du sein de l'Église.

Mon Dieu, daignez lui ouvrir les yeux.

Jeudi, 13 Septembre 1849, 7 h. du matin.

Je viens de relire la lettre de ma mère ; cette phrase me frappe : « L'exaltation religieuse rapetisse-t-elle tes « idées au point de te faire croire que la forme emporte « nécessairement le fond, et que l'on ne peut allier le « sentiment religieux avec l'investigation de la pensée ? »

Ce n'est pas l'exaltation religieuse, mais bien au contraire la réflexion qui m'a amenée à reconnaître qu'en fait de religion, la forme est très nécessaire à la perfection du fond.

Certes si l'on se contentait de remplir des pratiques pieuses sans foi, et sans avoir l'amour de Dieu au fond du cœur, ce serait plus que mal : pour moi ce serait un crime.

Il faut bien une forme, un cérémonial dans les rapports des hommes avec les rois de la terre ; est-il possible que l'on refuse de servir et d'adorer le Roi des rois, selon que son Église nous indique que ce lui est agréable ? Que de démarches, que de bassesses ne fait-on pas pour obtenir la faveur d'un puissant de ce bas monde ? Pourquoi ne nous soumettrions-nous pas à la règle que nous enseigne l'Église pour obtenir les grâces du Tout-puissant.

Les trois quarts des hommes sont peu conséquents, sous le rapport religieux, avec la conduite qu'ils tiennent journellement dans leurs rapports entre eux ; ils sacrifient au monde et aux usages de ce monde et ils refusent de se soumettre aux usages établis par l'Église pour servir et adorer Dieu.

Ma mère pense ainsi, malheureusement pour elle et pour moi, qui suis fâchée de la voir dans cette erreur; mais ma mère le fait par un sentiment tout opposé, et qui serait meilleur s'il n'aboutissait pas à un aussi triste et mauvais résultat.

Ma mère trouve que les pratiques de dévotion

rapetissent la religion ; elle trouve que le culte que l'on rend à Dieu doit être au-dessus de ce que je l'ai sans cesse entendu appeler des puérilités. Ma mère ne comprend pas qu'il n'y a rien de petit aux yeux de la foi : qu'une puérilité faite par un cœur rempli de foi et d'amour, est plus agréable à Dieu, que l'hommage de celui qui croit au-dessous de sa raison de s'y soumettre. Ce qui conduit ma mère à penser ainsi, c'est ce qui m'y avait conduite moi-même, dans le temps où mes yeux étaient encore couverts du voile de l'erreur. Ma mère, comme moi alors, ne reconnaît pas l'infaillibilité de l'Église ; en partant, elle refuse de se soumettre aux formes que l'Église impose à notre religion. Le tout est de s'interroger soi-même, et de se demander si l'on est bien persuadé que l'Église ait été instituée par Notre-Seigneur Jésus-Christ. Si on le reconnaît, alors, on doit penser que Jésus-Christ n'abandonne pas cette Église, sa fille bien-aimée, sans la guider à travers les siècles ; on doit penser que l'Esprit de Dieu animait les Pères de la foi ; on doit penser que cet Esprit divin descend sur les ministres de l'Évangile, lorsque réunis en concile, ils cherchent à résoudre un point encore obscur de notre religion ou à établir une nouvelle règle de piété.

Si l'Esprit divin inspire la pensée de ces hommes qui doivent nous diriger, en fait de religion, nous ne pouvons pas nous refuser à reconnaître que c'est la volonté de Dieu qui sort de leur bouche, et certes, nous serions bien coupables de ne pas nous conformer à cette volonté suprême. Un enfant doit obéissance à ses parents; tous les hommes doivent obéissance à Dieu, qui est notre père par excellence, et à l'Église qui est l'épouse de Dieu et notre mère.

Toutes ces réflexions m'ont convaincue de l'infaillibilité de l'Église : et maintenant je lui suis soumise, et j'ai foi à elle comme à Dieu même.

Ma mère croit que l'on peut allier le sentiment religieux avec l'investigation de la pensée : oui ; mais le tout est de savoir dans quel sens.

Je sais par les conversations que j'ai eues autrefois, avec ma mère, comment elle comprend cette investigation de la pensée : ma mère (comme moi, il y a deux mois) ne veut soumettre son cœur que lorsque sa raison a parlé. Ma mère veut que son esprit comprenne et approuve toute chose ; elle ne veut pas croire en aveugle. Heureux, pourtant, bienheureux les pauvres d'esprit [1] et ceux qui croient des yeux de la foi.

Moi aussi, j'allie maintenant le sentiment religieux, qui est tout-puissant en mon cœur, avec l'investigation de la pensée ; c'est-à-dire que je ne puis trop songer à l'amour que j'ai pour Dieu ; je me pénètre de tout ce

____
[1] Sur cette fausse interprétation de pauvres d'esprit voyez une note p. 63.

qu'il a fait pour moi ; je me nourris de la parole divine. Chaque action de la vie du divin Sauveur, est pour moi, une source inépuisable de réflexions, et chaque réflexion augmente en moi le sentiment religieux.

Voilà comme je comprends l'investigation de la pensée, et je crois ne pas me tromper, parce qu'à présent je suis heureuse de penser ainsi ; tandis que dans le temps où je voulais expliquer les mystères, où je voulais connaître l'inconnu, alors je n'aboutissais qu'à augmenter mes doutes. La pensée mal dirigée, est un labyrinthe, dans lequel on s'égare de plus en plus ; tandis que lorsqu'on a le bonheur d'être guidé par le flambeau de la foi, on se retrouve toujours, et toujours devant le trône de l'Éternel, pour l'adorer et reconnaître sa bonté infinie. Pour moi, l'investigation de la pensée m'a prise au pied de l'échelle de Jacob ; elle m'en fait gravir, un à un, les échelons. Quand Dieu me permettra-t-il d'arriver au sommet ?

Vendredi, 14 Septembre 1849, 5 h. du soir.

Je suis plus contente de moi aujourd'hui. J'ai confiance en Dieu et il me donne de la force.

Samedi

Samedi, 15 Septembre 1849, 8 h. du matin.

—————

Je viens de relire un chapitre de l'Imitation sur lequel j'aime à réfléchir; il parle du bonheur des conversations intérieures de l'âme avec Dieu. Maintenant que moi aussi j'ai goûté ce bonheur, je sens qu'il n'est pas donné à l'homme d'en savourer un plus parfait: on y trouve des jouissances toujours nouvelles et toujours plus grandes. Je ne saurais pas définir ce que j'éprouve, quand je dégage mon esprit de toute autre pensée, pour n'avoir que celle de Dieu; et qu'alors, il me semble entendre la voix de mon Dieu qui parle à mon cœur; les paroles sont bien faibles pour exprimer un pareil sentiment.

On se sent, en quelque sorte, enlevé de cette terre et transporté dans un monde inconnu; chaque chose qui frappe vos yeux vous parle de Dieu; les objets qui jusqu'alors vous étaient indifférents, vous inspirent tous une pensée pieuse, qui élève l'âme à Dieu.

Hier en faisant ma prière du matin, mon cher petit chapelet, que je pose sur mon lit afin d'adresser mes actions de grâces et mes demandes à Dieu devant la croix, prit par un mouvement involontaire la forme d'un calice; cette pensée me vint que nous étions au vendredi, le jour tristement et glorieusement commémoratif de la mort de notre Sauveur. Je me rappelai avec un sentiment d'amour indéfinissable que mon Dieu était mort pour moi sur cette croix que je pressais de mes lèvres, après avoir bu jusqu'à la lie le calice de l'amertume des douleurs ; ce fut le cri de mon âme, qui s'exhala, lorsqu'interrompant ma prière habituelle, je dis à mon Dieu : « Seigneur que « votre volonté soit faite ; je serai trop heureuse de supporter « les épreuves qu'il vous plaira de m'envoyer, en souvenir de « la croix que mon divin Sauveur a portée pour accomplir jus- « qu'au bout le sacrifice. Je serai trop heureuse des persé- « cutions, petites ou grandes que vous me donnerez à souffrir, « et je m'y soumettrai sans murmure, parce que mon « divin Rédempteur a bu jusqu'à la lie le calice que « vous lui avez envoyé. »

Dieu a écouté mon ardente prière ; il a été avec moi toute la journée ; j'ai été heureuse et plus forte qu'à l'ordi- naire. Aussi, chaque jour, ma confiance en Dieu s'accroît- elle ; à chaque instant de ma journée j'élève mon âme au Seigneur et je me sens fortifiée. Avec son aide, avec le secours de sa grâce, je viendrai à bout de mon plus cher dessein.

Que suis-je donc, moi, pour que le Dieu tout-puis- sant soit si admirablement bon et miséricordieux pour moi, moi qui n'ai que mon amour à lui donner en échange de tant de bienfaits ? Aussi, il possède mon cœur sans partage : je l'aime par-dessus toutes choses.

122.

Dimanche, 16 Septembre 1849, 7h. du matin.

La journée d'hier n'a pas été mauvaise; je n'ai pas été tourmentée; au contraire ma pauvre Miss a été fort bonne pour moi.

Hier matin, elle m'a dit quelque chose qui m'a fait bien plaisir; malheureusement ce ne sera qu'un moment trop court. Quand donc est-ce que je revêtirai la livrée de Dieu pour ne la plus quitter ? Des mois paraissent bien longs, lorsqu'ils vous séparent du bonheur! Il faut que je me répète sans cesse que Dieu ne m'abandonnera pas, et qu'il me fera triompher de tous les obstacles, pour que je ne me désole pas de cet avenir qui me semble encore si éloigné. Je suis comme un voyageur à travers le désert, aspirant après l'oasis où il trouvera le repos; je trouve la course bien longue, mais avec l'aide de Dieu je parviendrai à mon but; et loin de s'affaiblir, mes forces s'accroissent chaque jour, parce que la grâce du Seigneur est avec moi.

Je me rappelle qu'il y a quelques mois à peine, je me rêvais une fortune immense, pour me donner toutes les jouissances du luxe et tous les raffinements du confortable. Hélas! que d'illusions détruites par le souffle du destin, le réveil est pénible au premier moment. Maintenant, je prends plaisir à me représenter au milieu de cette vie du monde, dans toutes les circonstances les plus agréables, comme fortune et comme position . . . . Et puis à côté, je m'imagine avec le simple, mais bien cher habit des Filles de la Charité, soignant les pauvres, nos chers maîtres, pansant les plaies les plus repoussantes, occupée aux travaux les plus pénibles et les plus abjects . . . . . Hé bien, je n'ai pas un instant d'hésitation ; bien plus, je ne désire que le moment où je pourrai quitter ma vie du monde et de grande dame pour devenir servante des pauvres malades. Voilà le titre que j'envie et que je serai fière d'ajouter un jour à mon nom : ce titre là, les révolutions ne peuvent l'enlever ; au contraire, elles y donnent un nouveau lustre.

Que s'est-il donc passé en moi pour me changer aussi complètement ? Car j'ai beau m'interroger scrupuleusement, j'ai beau sonder mon cœur dans ses replis les plus cachés, je n'ai plus qu'une seule pensée : servir Dieu sous l'habit des Filles de la Charité. Et qui m'a donc ainsi transformée, si ce n'est le Maître suprême ? Qui m'a appelée à lui lorsque j'en étais si loin ? Qui m'a fait entrevoir un avenir de bonheur, quand je ne voyais autour de moi que des prestiges trompeurs, détruits par les vicissitudes ? Qui m'a consolée lorsque j'étais dans l'affliction ? Qui m'a ouvert des bras paternels, lorsque j'ai tourné vers le ciel des regards suppliants ? Qui m'a fait entendre cette voix douce à mon cœur : « Viens fille égarée, je « suis le Père des miséricordes, tes péchés te seront remis ? »

Qui me soutient dans mes efforts pour suivre la voie droite ? Qui me remplit de l'immensité de ses grâces quand je mange le pain de vie ?

C'est mon Dieu, c'est le bien-aimé de mon cœur. Pourrai-je jamais faire assez pour lui ?

Lundi, 17 Septembre 1849, 8 h. du matin.

Hier à la messe j'ai eu un moment de bonheur bien grand ; mais d'un bonheur si triste que si j'avais été seule, j'aurais pleuré.

J'avais les yeux levés sur la Sœur du tableau de Saint Vincent, et je pensais à ma joie lorsque je lui ressemblerai ; je demandais à Dieu de m'accorder cette grâce par l'intercession de la Sainte Vierge et de Saint Vincent, et alors je ressentis quelque chose de si extraordinaire, qu'il m'a semblé que Dieu me promettait d'exaucer mon ardent désir. Et puis je tremblais ; je pouvais à peine me soutenir, je ne pensais même plus ; j'étais comme morte à tout ce qui m'entourait. Je vivais, mais d'une vie étrange ; j'entendais les battements précipités de mon cœur ; mes yeux voyaient comme un brouillard, mes mains étaient serrées avec force : je craignais de ne plus être maîtresse de moi.

Aujourd'hui, je me demande comment définir

ce que j'ai éprouvé ? Je ne le puis. Dieu a daigné, dans sa magnificence, me faire éprouver des sensations intimes en que je suis inhabile à exprimer ; mais mon cœur les a ressenties avec amour en reconnaissance.

Moi qui incline toujours mon front lorsque l'hostie consacrée parait sur l'autel ; hier je n'ai pu arracher mes yeux des mains du prêtre, lorsqu'il portait le pain de vie à ces heureuses du jour, qui étaient agenouillées à la Sainte Table. L'hostie avait disparu ; c'était mon Dieu que je voyais en que j'adorais dans le plus profond de mon cœur ; en lorsque le prêtre a prononcé ces paroles, Domine non sum dignus, mes lèvres muettes jusqu'alors se sont unies à la voix du ministre de Dieu. « Seigneur je ne suis « pas digne de vous recevoir en ma maison ; mais dites « seulement une parole en mon âme sera guérie. »

Mardi, 18 Septembre 1849, 6 h ½ du matin.

Si dans ce moment, Dieu m'appelait à lui en m'interrogeait sur ce que j'éprouve, je lui dirais que je suis la plus heureuse de ses créatures, en que ressentir un tel bonheur me semble au-dessus de ce que j'avais jamais osé espérer.

Seigneur, vous avez dit une parole en mon âme a été guérie, en vous êtes venu habiter dans ma maison. Magnificat *anima mea Dominum.*

Il me semble que mon divin Maître a daigné aujourd'hui combler pour sa servante la mesure de ses grâces les plus ineffables.

Je ne saurais moi-même dire combien ma joie est immense; c'est avec bonheur que je ferais à mon Dieu le sacrifice de ma vie, s'il me la demandait; jamais je ne pourrai m'acquitter envers Celui qui me comble à chaque instant de nouveaux bienfaits, et qui, même, daigne se donner à moi avec toutes ses magnificences.

Le soleil est bien beau ce matin; il rayonne dans toute sa gloire au milieu de la voûte céleste; hé bien, mon cœur à moi est plus magnifique, plus resplendissant que le soleil; mon cœur brûle d'un feu qui ne s'éteindra jamais: il brûle d'amour pour son Dieu. Mon cœur sera de temple à Celui qui l'a créé; mon cœur est l'autel où repose dans toute sa gloire le Verbe incarné; mon cœur est la crèche où est déposé le doux Jésus; mon cœur est le tabernacle qui renferme le corps sacré du divin Rédempteur.

Qu'il est beau ce cœur ainsi purifié et glorifié! Est-ce qu'il est à moi?

J'ai demandé à mon divin Maître de m'accorder les grâces que je souhaite le plus ardemment; je les lui ai demandées lorsqu'il était en moi; il ne peut pas me les refuser ; il n'aura pas voulu mettre si tôt une borne aux bontés ineffables dont il m'honorait aujourd'hui. J'ai une confiance si grande en mon Dieu, que je suis sûre qu'il m'accordera mes requêtes, s'il les trouve justes. Avec une telle confiance, cela me donne du courage. Dieu doublera mes forces et je triompherai.

Oh ! quel avenir, quand j'obtiendrai le titre que j'ambitionne, et que le ministre de Dieu m'a montré hier, comme le but de tous mes désirs, comme la palme de victoire pour tous mes efforts : Épouse de Jésus-Christ !

Et plus brillante que les dentelles et les bijoux sera ma parure de noce, l'habit gris et la cornette des Filles de la Charité ! Que je me trouverai belle ainsi, le jour où je promettrai amour et fidélité à mon divin Époux. Comme mon cœur tressaillera d'allégresse. Est-ce qu'un pareil bonheur m'est réservé ? Est-ce que le soleil d'un si beau jour se lèvera pour moi ?.... Oui, j'en ai la confiance, parce que Dieu est avec moi, et qu'il me fera triompher de tous les obstacles, et qu'il me laissera vivre jusqu'à ce moment tant désiré.

Mercredi, 19 Septembre 1849, 8 h. du soir.

Pourquoi suis-je triste ? Dieu a été pourtant bien bon pour moi aujourd'hui. J'ai eu une petite épreuve, j'ai offert mon chagrin à Celui qui me l'envoyait et il m'a dédommagée presque aussitôt.

O mon Dieu, ouvrez les yeux à cette incrédule, et pardonnez-lui, car elle ne sait ce qu'elle fait.

Jeudi, 20 Septembre 1849, 9 h. du matin.

Aujourd'hui, je suis en meilleure disposition d'esprit, et je suis pleine de courage pour supporter les épreuves, si elles arrivent.

Les personnes qui ne croient pas à la religion ne peuvent comprendre ce qu'on y trouve de force. Elles parlent de puérilités; moi je n'en trouve plus nulle part, lorsqu'il s'agit de foi et de piété; aussi je plains de toute mon âme les esprits forts, ou qui se prétendent tels. Je sais comme je me trouve heureuse, maintenant que j'abandonne mon cœur et ma raison à la douce loi de mon amour pour Dieu.

Est-il possible que des personnes qui ne manquent pas d'esprit et de bon sens, traitent de pratique exaltée le temps consacré chaque jour à prier et à adorer l'Être suprême ? Et pourtant on en donne bien plus au monde, on en emploie bien davantage en occupations souvent inutiles ou peu nécessaires. Pourquoi ne pas rendre aussi à Celui qui mérite notre premier et notre plus grand hommage? Pourquoi se contenter le matin et le soir d'une courte prière, prononcée par les lèvres plutôt que par le cœur? Pourquoi ne pas élever sans cesse son âme vers Celui dont elle est l'image? Il restera encore trop de temps pour les pensées futiles.

Comme l'irréligion est peu conséquente avec elle-même! J'ai cependant, moi aussi, partagé ces tristes idées, et l'on dit que mon changement n'est pas un miracle! que c'est un simple effet de l'influence et de l'exaltation ordinaire de mon esprit!

Eh! bien, j'en conviens; je m'exalte en me pénétrant de la grandeur ineffable des miséricordes de Dieu pour les hommes en général, et pour moi en particulier; je m'exalte en contemplant cette croix où mon Sauveur souffrit mille morts pour moi; je m'exalte en voyant couler le précieux sang par les divines plaies, comme un torrent de grâces qui m'inonde et qui vient purifier la souillure dont le péché m'avait couverte.

Voilà ce qui m'exalte: et l'on s'étonne que de semblables pensées m'attachent par un lien indissoluble à Celui qui me les inspire! On s'étonne que la méditation des douleurs immenses que l'Homme-Dieu endura pour moi, me donne le désir de supporter chaque épreuve de ma vie, en les offrant à mon Rédempteur comme une bien faible compensation! Oui je le dis; je le proclame bien haut: «Mon «âme glorifie le Seigneur.

« Et mon esprit est ravi de joie en Dieu mon Sauveur.

« Parce qu'il a regardé la faiblesse de sa servante ; et
« désormais je serai appelée bienheureuse dans la suite de
« tous les siècles.

« Car il a fait en moi de grandes choses, lui qui est le
« Tout-Puissant et dont le nom est saint. »

*

Vendredi, 21 Septembre 1849, 3 h. ½.

Il y a bien des siècles, c'était aussi un vendredi……
Un grand sacrifice, un mystère ineffable s'accomplissait…
Le Juste des justes, comme un criminel, portait sa
croix au lieu du supplice……

Le soleil marquait trois heures…. Heure solennelle
de miséricordes pour les pécheurs repentants ; heure de pardon
et d'amour pour le genre humain tout entier…… Alors
« jettant un grand cri, Jésus rendit l'esprit ! » Alors le
voile du temple se déchira, la terre trembla, les pierres se
fendirent et les tombeaux s'ouvrirent. Hosanna ! salut
et gloire au plus haut des cieux !

Ce matin le front incliné, à l'Église, en présence de
mon Dieu, je pensai à la commémoration du vendredi, et
m'adressant à mon divin Sauveur, je le suppliai de doubler
mes forces aujourd'hui, afin que, moi aussi, je pusse porter

ma croix, s'il plaisait au Souverain Maître de m'envoyer des épreuves. Serait-il possible qu'à pareil jour, et pensant à ce qui s'est passé sur le Calvaire, une créature de Dieu pût se plaindre et ne pas supporter patiemment les chagrins et les contrariétés qui lui sont dévolus en partage ?

Est-il permis à la servante de murmurer lorsqu'elle souffre pour le Maître qui est mort pour elle ?

Aussi, mon Dieu, vous m'avez exaucée, et du fond de mon cœur je vous en remercie. J'ai été peinée et froissée dans une chose qui me touche vivement ; j'ai pensé à la croix du Golgotha, et la mienne m'a paru bien légère à porter ; j'ai senti un mouvement de chagrin ; mais l'idée de me plaindre ne m'est pas même venue.

O mon Dieu, faites que mon courage et mes forces croissent avec les difficultés et les épreuves. S'il était possible, ô mon Jésus, que vous me fussiez plus cher que vous ne me l'êtes maintenant, je vous dirais : « Chaque obstacle que l'on « apporte à mon union avec vous me la fait désirer plus « ardemment ; chaque épreuve ajoute un prix de plus à votre « possession unique, que j'ose ambitionner ; chaque tentation « vaincue par le secours de votre grâce, m'attache à vous « par un nouveau lien de reconnaissance ! »

En ma chère vocation ! Que de jour en jour elle me devient plus chère encore ! Avec quelle joie, avec quelle ardeur je gravirai les montagnes qui me séparent de ce lieu de paix où Dieu m'appelle pour me reposer ! Le chemin est quelquefois pénible, et le deviendra peut-être de plus en plus; mais aussi avec quel charme, voyageuse fatiguée par les difficultés de la route, je parviendrai au but de ma course, à ce but que j'envisage comme le seul vrai bonheur pour moi !

Bonne maman m'a demandé avec humeur si je comptais me faire sœur grise? Je me suis tirée de la réponse par une banalité équivoque ; et dans mon for intérieur je me disais : « Oh ! oui, j'espère bien en être digne un jour, qui n'est pas éloigné. » Oui, ce sera un honneur pour moi : digne du nom sans tache que m'ont légué mes ancêtres, et dont je suis si fière. Les vieillards et les enfants de la misère bénissent la sœur de charité, l'accompagnent en glorieux cortège jusqu'à sa dernière dernière demeure et laissent pieusement couler sur sa tombe des larmes de vraie affection et de reconnaissance. Les grands de la terre, des rois même, ont vu leurs lits de mort solitaires, et lorsque la pierre de leurs magnifiques tombeaux s'est refermée sur leurs cercueils, rarement les regrets et les pleurs viennent les visiter.

Avec quel bonheur maintenant, je remplis auprès de ma pauvre malade les soins que mon affection aurait toujours dû m'imposer, mais que par ennui, je n'avais jamais eus pour elle. Je voudrais que pas d'autre que

moi, ne lui rendît les soins dont elle a besoin : je suis heureuse de faire pour elle la sœur de charité. Oh ! que je
voudrais la ramener un jour aux sentiments de la vraie
religion ; je voudrais lui faire comprendre que Dieu a
changé pour moi en plaisirs et en bonheurs ce qui me
coûtait autrefois. Que ne ferais-je pas pour mon Sauveur ?
Aussi, il est plus que bon pour moi, il me rend la tâche bien
facile. Quand donc serai-je à lui pour toujours ?......

***

Samedi, 22 Septembre 1849, 5 h. du soir.

Aujourd'hui, j'ai passé une bien bonne journée ; je
suis contente de tout le monde et pas mécontente de moi.
Le bon Dieu a été bien bon ; il a changé mes larmes en joie,
et m'a consolée lorsque j'avais un vrai chagrin.

Je sais que ma pauvre Miss est étonnée des soins
que j'ai pour elle ; elle n'a donc pas deviné ce que Dieu a
fait de moi ? Que de fois m'a-t-elle dit : « Je n'aime pas
votre religion ! » Et pourtant, c'est cette religion qui m'apprend à aimer mon prochain comme moi-même ; c'est cette
religion qui m'apprend que les devoirs de reconnaissance
sont sacrés. Je dois avoir beaucoup de reconnaissance pour
ma pauvre Miss qui a été si maternelle pour moi pendant
tant d'années ; et puis en la soignant, n'est-ce pas pour
Dieu que j'agis ? Que ne ferais-je pas pour Celui qui a tant

fait pour sa servante, quand même ce ne serait pas l'affection qui me guidât dans les soins que je puis donner à ma pauvre malade ? Enfin, il faut tout dire ; quel bonheur pour moi de faire mon apprentissage de Fille de la Charité, de servante des pauvres malades ! C'est un sentiment bien doux à mon cœur, plus doux que toutes les joies que le monde m'a fait goûter jusqu'à présent. Et puis, ce qui me rend heureuse, c'est que je sens que Dieu affermit tous les jours ma chère vocation : rien ne me coûte lorsque je me dis que c'est pour ressembler davantage à la vie de nos Sœurs que je m'impose telle règle.

Moi qui aimais tant à rester nonchalamment dans mon lit ; maintenant je ne me réveille jamais assez tôt pour commencer ma journée, et offrir à mon Créateur l'hommage de mon amour et de ma gratitude.

Moi qui restais des heures entières à perdre un temps précieux ; à présent, je déteste de demeurer inoccupée. L'oisiveté n'est-elle pas défendue aux Filles de la Charité ?

Moi qui aimais à nourrir mon esprit de mauvaises lectures, aujourd'hui, je ne désire même plus ouvrir ces romans que je dévorais. Je lis la parole de Dieu, et je m'en trouve bien et plus heureuse.

————————— + —————————

Dimanche 23 Septembre 1849.

———

Dimanche !.... Autrefois, ce mot ne m'inspirait que la pensée d'un jour de récréation. Je ne comprenais pas que nous devons sanctifier la journée particulièrement consacrée à honorer le Seigneur. Maintenant le dimanche m'impose de nouveaux devoirs.

Mon Dieu, vous m'éprouvez cruellement, mais avec votre grâce je me sens forte. Mon Dieu, soyez avec moi.... Pauvre mère !.... Mais toujours Dieu avant ma mère !.....

———✦———

Lundi, 24 Septembre 1849, 4 h. du soir.

———

Aujourd'hui j'ai relu la lettre de ma mère, et je lui ai répondu. Pauvre mère !.... Je vais lui faire de la peine; elle pleurera : moi aussi j'ai pleuré en lisant sa lettre. Elle fait appel à ma tendresse : croit-elle donc que la sienne pour moi l'emporte sur celle que j'ai pour elle ? Oh ! qu'elle se tromperait ; je le lui ai dit : personne ne l'aime et ne l'aimera autant que moi ; mais aussi j'aimerai et j'écouterai Dieu avant elle.

Et quand bien même, je ne devrais pas à Dieu mon premier et mon plus grand amour, ma mère je l'ai toujours aimée depuis que mon cœur bat dans ma poitrine, et

Dieu!.... Dieu, je commence seulement à le connaître et à savoir l'aimer.

J'ai répondu à ma mère ; je cherche à la persuader ; je ne puis pas espérer y parvenir tout de suite et sans peine ; mais Dieu qui me dicte mes paroles, les rendra douces à son cœur et fortes pour sa raison. Puissé-je un jour la convaincre, et entendre sortir de sa bouche ce Oui solennel, qui m'aurait fait trembler au jour du mariage, et qui me fera tressaillir d'allégresse, lorsqu'il sera l'assentiment à ma chère vocation.

J'ai confiance dans la bonté infinie de Dieu pour moi ; il arrangera toutes choses pour sa plus grande gloire et pour mon bonheur ; il ramènera à lui cette raison si fière, si indépendante, comme il a ramené la mienne, jusqu'alors indomptable. Ma mère doit lui appartenir tout entière ; ma mère a de trop nobles vertus pour ne pas jouir un jour du bonheur et de la gloire des élus.

N'est-ce pas mon Dieu ? vous lui ferez entendre votre voix, vous la rappellerez à vous, vous lui ferez connaître le vrai chemin. Vous m'exaucerez, Seigneur, mon Dieu, car ma prière part du fond d'un cœur qui vous appartient tout entier ; vous m'exaucerez, car il est dit. « Demandez et vous recevrez, cherchez et vous trouverez, « frappez et il vous sera ouvert. »

O Dieu, le Père tout-puissant, vous m'affermirez

dans ma chère vocation ; vous me donnerez une force de lion pour triompher des obstacles et des tentations qui s'y opposeraient, et vous me ferez obtenir le consentement de mes parents ; avec votre grâce je veux m'en montrer digne, en vous servant fidèlement sur la terre. Vous m'accorderez toutes ces choses, ô Dieu le Père, parce que je vous les demande au nom de Jésus-Christ, votre divin Fils, au nom de celui qui a dit : « Demandez à mon Père en mon nom, et il « vous sera accordé. »

Voyez, mon Dieu, si je puis mettre toute ma confiance en vous et mon espérance en vous, et si vous les tromperez !....

Aujourd'hui j'ai été enfant, j'ai été vraiment malheureuse parce qu'elle me semblait changée pour moi ; j'ai été bien punie de cette mauvaise pensée, car la peine que j'en avais m'a fait du mal. Pourquoi ne puis-je pas dire que je ne l'aime que comme mon prochain des rues ? je serais plus tranquille le jour où il me faudra lui dire adieu.

C'est que je ne l'aime pas du tout comme mes amies que j'affectionnais tant : à elle, je suis attachée par un lien extraordinaire qui me fait éprouver des sentiments tout nouveaux pour moi. Que j'aime à prier Dieu à côté d'elle, à m'unir à elle, lorsqu'elle élève son âme vers Celui qui nous a unies toutes les deux ! Que je suis contente quand, à l'Église, je vois sa chère cornette inclinée, et que je pense qu'elle prie pour moi ; moi aussi, je prie pour elle, et si des centaines de lieues doivent nous séparer pour toujours, au moins nos pensées n'en feront qu'une pour aimer et adorer notre bon Maître ; et puis un jour, Il nous réunira près de lui pour ne plus nous quitter. Si le bonheur de vivre dans l'éternité près de Dieu m'est réservé, ou du moins si je parviens à mériter ce bonheur, ce sera encore à elle, à mon bon ange, que je le devrai ; c'est elle qui m'a fait connaître et apprécier la religion. que ne lui dois-je pas ?

Mon bon ange, je vous aime bien.

Mardi, 25 Septembre 1849, 3h. ½ du soir.

Je viens de lire un chapitre de l'Imitation : qu'il faut se garder d'une grande confiance dans les hommes, et ne se reposer entièrement qu'en Dieu seul.

Certes où trouvera-t-on un ami plus fidèle, un confident plus discret ?

Qui partagera mes peines, si ce n'est celui qui me les envoie ? Qui partagera toutes mes douleurs, si ce n'est le cœur de Jésus ? Ce cœur divin tellement rempli d'amour pour les hommes, qu'il souffrait plus qu'eux des peines éternelles imposées au péché originel. Dieu se réjouira lorsque je serai dans l'allégresse ; Dieu séchera mes larmes et me consolera quand je serai dans l'affliction : où trouver un pareil ami ?

Combien elles me semblent belles ces simples paroles qu'on apprend à l'enfant chrétien, lorsqu'il commence à remuer les lèvres : « Mon Dieu, je vous donne mon cœur. » Comme elle doit être agréable au Seigneur cette prière que l'Ange gardien de l'enfant porte au pied du trône divin ! Comme elle doit être douce et précieuse à l'Éternel, l'offrande de ce cœur si pur, revêtu de la blanche robe d'innocence !

Aujourd'hui, je ne suis pas mécontente de moi, et c'est une bonne journée ; d'ici à l'heure du repos, je tâcherai de ne pas démériter des bontés de Dieu pour moi.

J'aime bien à prier devant ma petite bonne Vierge ; elle me tend les bras comme ma mère, lorsque j'essayais mes premiers pas. Elle me dit de venir à elle, notre bonne mère, de ne pas craindre, de marcher hardiment dans le sentier de la vertu ; qu'elle veille sur moi pour me soutenir, si mes forces fléchissent. Comment résister à cet appel si plein de tendresse ?

« En moi je dis : Je veux suivre Marie.

« Le monde ment : ses fruits sont des douleurs ;

« Mais toi, Marie, au séjour de la vie,

« Tu nous conduis par un sentier de fleurs ! »

Mercredi, 26 Septembre 1849, 9 h. du matin.

————

Mon Dieu, vous m'envoyez une lourde croix à
porter ; rendez-moi forte ; avec l'aide de votre grâce, elle
me paraîtra légère. Que votre volonté soit faite sur
la terre comme au ciel.

———— + ————

Jeudi, 27 Septembre 1849, 7 h. du matin.

————

Que vous êtes bon, mon Dieu ! pourrai-je jamais
assez vous dire comme mon cœur est pénétré de reconnaissance et d'amour, et surtout vous la prouver cette reconnaissance ?

« J'ai crié vers vous dans l'affliction et vous m'avez
« exaucée. » Seigneur, vous avez changé mes pleurs en sou-
rires, et ma tristesse en joie. Soyez mille fois béni.

Je n'oublierai pas la journée d'hier ; j'y ai reçu
une trop grande preuve de la bonté infinie de Dieu pour
moi.

Plus que jamais je le dis : « Dieu avant mes parents. »
Et voilà ce qu'on appelle de l'indépendance de caractère ;
parce que je résiste et veux résister toujours à la volonté
de mes parents, sous le rapport de la religion, quand cette
volonté ne sera pas d'accord avec la loi ou la voix de Dieu.

Je ne suis certes pas insensible au mécontentement

des personnes à qui je dois du respect et de la tendresse ; mais je suis heureuse qu'avec l'aide et la grâce de Dieu, ces épreuves me semblent si légères ; cela me prouve que le Seigneur n'abandonne pas sa servante, et tant qu'il sera avec moi, je suis pleine de confiance, et je n'aurai à me plaindre d'aucune chose.

D'ailleurs, comment la plainte oserait-elle me venir à la bouche, quand, mes yeux se fixant sur la croix, je vois mon Dieu souffrant mille morts pour moi ? non, jamais je ne murmurerai des croix et des épreuves qu'il plaira au Seigneur de m'envoyer ; je courberai la tête et j'invoquerai le divin Maître ; je lui dirai : « Vois la fai- « blesse de ta servante, Seigneur : soutiens-moi, afin que « je ne fléchisse pas sous le fardeau que tu me donnes à « porter. Si tu le veux, tu peux me rendre plus forte que « les géants des nations, et les yeux levés vers toi, ô mon « Père, je marcherai sans fatigue, et les combats ne m'é- « puiseront pas. » Seigneur vous l'avez dit :

Je le délivrerai parce qu'il a mis en moi sa confiance ; je serai son protecteur parce qu'il a connu mon nom.

Il m'invoquera et je l'exaucerai.

Je serai avec lui dans les jours de l'affliction : je l'en tirerai et je l'en ferai sortir avec gloire !....

Merci, Seigneur, vous avez entendu ma prière et vous l'avez exaucée, vous m'avez amplement dédommagée de l'épreuve du matin. Merci.

Vendredi, 28 Septembre 1849, 8 h. du matin.

Que l'on est heureuse quand on peut se dire : « Pas
« un regret pour ce que je quitte, et tout un avenir de paix
« et de douces joies dans ce que j'embrasse. » C'est mon partage ; comment ne pas dire que le bon Dieu m'a fait une
trop belle part et que je ne méritais pas un tel bonheur ?

J'ai vu le monde sous toutes ses faces, sous ses dehors
les plus séduisants et les plus abjects ; j'ai vu les misères
intérieures se cachant sous des lambris dorés ; j'ai vu la vie
factice que se créent les gens du monde ; j'ai vu l'envie et la
haine se glisser sous les dehors de l'intimité ; j'ai vu régner
en souveraines des femmes qui avaient oublié leurs devoirs
les plus sacrés ; j'ai vu le vice revêtu du masque de la vertu,
se jouer de l'innocence en s'attachant à elle pour la perdre ;
j'ai vu les intérieurs de famille transformés en véritables
enfers ; j'ai vu des mères tracer à leurs filles le chemin du
crime ! Et il me faudrait vivre au milieu de tout cela ?
Il me faudrait respirer cet air empoisonné ? Il faudrait
m'asseoir à côté de ce que je méprise ? Il me faudrait en
mille occasions composer avec ma conscience ? Non jamais !..

Dieu a dessillé mes yeux, il m'a appris que je pouvais vivre d'une autre vie, il m'en a tracé la voie, je la

suivrai sans hésiter, et à l'ombre de la cornette je me reposerai des fatigues de la route.

Samedi, 29 Septembre 1849, 5 h. du soir.

Encore une bonne journée, une journée sans épreuves, qui a réparé mes forces pour celles qui me seront envoyées demain, ce soir peut-être.

« J'ai espéré en vous, Seigneur, et je ne serai pas « confondue éternellement. »

Dimanche, 30 Septembre 1849, 2 h. du soir.

Aujourd'hui, j'ai commencé une neuvaine à Saint Vincent; puisse, à son intercession, le Seigneur m'accorder l'accomplissement de mon plus cher désir, celui de le servir fidèlement sous l'habit de Fille de la Charité, et d'avancer pour moi le trop heureux moment où je revêtirai pour la vie ce saint et bien cher habit.

J'espère en Dieu, il me comble de grâces à chaque instant du jour; pourquoi me refuserait-il le bonheur que je sollicite humblement, mais avec ferveur ?

Les prières de la messe d'aujourd'hui, m'ont semblé faites pour moi; oui, j'en ai la conviction, Dieu m'exaucera, parce que je l'aime beaucoup et que j'élève ma voix vers lui.

En puis, il ne sera pas sourd à l'intercession de la Très-Immaculée Vierge, sa sainte Mère ; il ne sera pas sourd aux prières de saint Vincent, l'homme juste qu'il a aimé. Saint Vincent a beaucoup honoré le divin Maître sur la terre ; Dieu l'honorera beaucoup dans le ciel ; saint Vincent a servi fidèlement le Seigneur sur la terre, Dieu l'en récompensera en lui accordant les grâces que son serviteur bien aimé lui demandera. Et saint Vincent daignera prier le Seigneur pour moi, parce que mon cœur a foi en lui et lui est attaché ; je l'aime comme si déjà j'étais une de ses filles.

Saint Vincent, vous que je voudrais appeler du doux nom de Père, priez pour moi, bénissez-moi.

------------+------------

Lundi, 1er Octobre 1849, 2h.½ du soir.

Toute la nuit j'ai rêvé cornettes ; quel bonheur pour moi d'être toujours au milieu des Sœurs, et surtout avec celle que mon cœur affectionne par-dessus toutes les autres. Que ferai-je, quand je ne verrai plus sa chère cornette, quand je ne pourrai plus lui confier mes joies et mes chagrins, quand je ne pourrai plus aller chercher son conseil ? Oh oui, ce sera une grande épreuve pour moi.

Voilà le mois des Saints Anges commencé : puisse

mon Ange gardien me protéger d'une manière toute particulière, je l'en prie instamment ; je lui demande d'étendre
ses ailes sur ma tête pour mettre mon innocence à l'abri.

En vous, Ange gardien de ma mère, inspirez-lui des
pensées de religion : ramenez-la à la vraie foi, et dans le
sein de notre Sainte Église ; éloignez d'elle le démon de la
fausse sagesse ; faites lui connaître les dangers de la philosophie.

Mercredi, 3 Octobre 1849, 7h. du matin.

J'ai été bien impressionnée hier ; Dieu m'a envoyé
un exemple que je n'oublierai de ma vie. J'ai vu une âme
chrétienne assez insensée, assez coupable pour résister à
la voix de Dieu, lorsque sa main toute-puissante l'avait
frappée. Je l'ai vue aux portes de la mort, trop orgueilleuse encore pour s'abaisser et s'humilier devant Dieu.
Quelle leçon effrayante !.... C'est affreux ; cela m'a fait
bien du mal.

Pour elle, Dieu n'est pas le Père des miséricordes,
Dieu est un juge terrible et impitoyable. Pauvre insensée !
pense donc que tant que ton cœur battra, celui de ton Dieu
est plein d'amour pour toi, quelque criminelle que tu
aies été envers lui ; pense que la bonté de ton Créateur
est infinie, et que sa pitié pour l'homme repentant est

immense ; pense que tant que tu respireras, Dieu est un père pour toi, et que jamais le cœur d'un père n'a résisté à la voix de son enfant coupable, quand cet enfant lui crie merci. Pense que le père fit tuer le veau gras et faire des réjouissances pour le retour de l'enfant prodigue ; qu'à la vue de cet enfant, il courut à sa rencontre en lui ouvrant les bras, et des larmes de bonheur jaillissaient de ses yeux.

Ame chrétienne, ton Dieu aussi te tend des bras paternels ; il t'invite à t'y précipiter comme dans le port du salut ; il brûle de te presser sur son sein et de répandre sur ta tête des larmes d'amour et de satisfaction. Il t'offre une place à ses côtés, dans le plus beau des séjours, sur un trône d'or ; là tu jouiras d'un bonheur éternel et de joies ineffables, inconnues à la terre.

Ame chrétienne, ne résiste pas ; cours à ton Dieu qui t'appelle.

Pense que bientôt l'heure du pardon sera passée ; pense que l'éternité s'avance à grands pas. Pense que l'irréligion mène au précipice de l'enfer ; c'est une pente rapide sur laquelle on ne peut guère s'arrêter, lorsqu'on a osé y mettre le pied. Pense que ton Dieu te tend la main, mais que si tu la refuses, le père fera place au juge inflexible. Au jour du jugement, il sera froid à tes supplications, sourd à tes prières ; tu pleureras des larmes de sang, tu pousseras des gémissements qui déchireront ta poitrine ; tu brûleras d'un feu qui te torturera, sans te consumer. Les supplices des réprouvés seront ton partage pour l'éternité. Penses-y !

Et pourquoi ? Pour n'avoir pas voulu courber ton front orgueilleux devant le ministre du Seigneur ; pour n'avoir pas voulu humilier ta raison, si fière, au tribunal de la pénitence, qui est aussi celui du pardon.

Penses-y bien ! un jour (il est peut-être proche ce jour), il te faudra paraître devant le tribunal suprême, devant le grand Juge ; penses-y bien ; là, plus de pardon ; la justice, l'impartiale équité régnera seule. Penses-y !...

Dieu m'a donné du courage hier ! Je pensais que ma voix serait plus écoutée, que j'aurais plus d'empire.... Dieu sait ce qu'il m'en a coûté. Mais je me suis dit que puisque Dieu faisait tant pour moi, je devais faire le plus possible pour lui. Je lui ai adressé ma prière, pour lui demander la force d'accomplir ma mission ; il m'a exaucée.

J'ai parlé avec l'accent du cœur, et le froid d'une raison rebelle m'a répondu ; j'ai frappé sur une cloche qui n'a rendu nul son ; j'ai heurté à toutes les portes et elles ne se sont point ouvertes. C'est affreux !...

Oh ! merci, mon Dieu, merci ; j'aurais pu en arriver là. Mais vous avez jeté un regard de miséricorde et de compassion sur votre créature et vous l'avez ramenée à vous. Merci !

Jeudi, 4 Octobre 1849, 8 h. du matin.

Le saint sacrifice de la messe vient d'être célébré pour ma pauvre malade ; puisse-t-il lui obtenir la grâce que je sollicite ardemment pour elle : sa conversion prompte, sincère et persévérante.

Je ne puis dire avec quelle joie je me suis aperçue que cette superbe incrédule de la veille, avait, d'elle-même, cédé à un mouvement de la grâce, et avait suspendu à son cou, la Médaille miraculeuse, pour laquelle elle avait témoigné, quelques heures avant, tant de dédain. Que cette précieuse Médaille soit pour elle un bouclier sur lequel s'émoussent tous les traits du démon ; que ce soit l'étoile qui la conduise devant la crèche pour se prosterner devant le Roi des rois. Sainte Vierge que cette précieuse médaille soit pour elle le signe du salut et de ta protection en cette vie et en l'autre. Prie et intercède pour cette pauvre âme égarée ; ouvre-lui peu à peu les yeux à la lumière de la vraie foi ; conduis-la pas à pas dans le sentier qu'elle doit suivre pour retourner à Dieu.

Ah ! guide sa nacelle,
Et sans danger, fais-lui gagner le port.

Vendredi, 5 Octobre 1849, 8 h. ½ du matin.

Qu'ai-je fait aujourd'hui ? O mon Dieu, pardonnez-moi, je suis bien coupable, si coupable que je tomberais dans le désespoir, si je n'espérais pas dans votre miséricorde infinie. Oh ! pardonnez-moi.......

Vous êtes venu vous donner à moi, ô mon Sauveur, et je n'ai pas goûté mon bonheur ; j'ai délaissé le Créateur pour ne penser qu'à la créature. Vous m'avez invitée, Seigneur, à votre divin banquet, et j'ai mangé le pain de vie sans en savourer la douceur. Pourvu que ce ne soit pas mon jugement et ma condamnation que j'aie mangés ! Je vous en conjure, ô mon Dieu, retardez l'heure de la justice, laissez-moi le temps d'expier ma faute et d'obtenir mon pardon.

Seigneur, je n'étais pas digne de vous recevoir en ma maison. Vous m'avez éprouvée et j'ai succombé, parce que vous vous étiez retiré de moi. Seigneur, sans vous je suis faible, sans vous je ne saurais résister aux tentations et aux épreuves ; je suis comme le roseau qui fléchit et se couche sous le souffle de la tempête. Je suis comme le grain de sable que le vent du désert arrache au sol et entraîne avec lui.

Seigneur, si vous habitez en moi, et si votre grâce ne m'abandonne pas, je serai semblable au rocher qui résiste à la fureur des vagues en courroux ; je serai plus forte que le chêne altier et l'ouragan ne pourra m'ébranler.

Mon divin Maître, vous que j'ai osé méconnaître ce matin, ne soyez pas encore pour moi un juge sévère. O le meilleur des pères, pensez que votre fille est bien enfant encore dans sa nouvelle vie, et que ses pas sont bien chancelants ; daignez, ô mon père bien-aimé, daignez jeter un regard de tendresse et de miséricorde sur votre enfant ; ne vous éloignez point d'elle, soutenez-la. Avec votre appui, je ne faiblirai plus, et je marcherai hardiment.

Oui, j'ai eu de la peine depuis hier, beaucoup de peine. Elle n'était pas à mon côté ce matin lorsque nous avons pris place au céleste repas. Dieu sait maintenant quand pareille fête nous sera offerte à toutes les deux à la fois. Dieu sait si jamais nous nous reverrons ; toujours pas, sans doute, dans cette chère chapelle où commença pour moi une nouvelle existence, où je naquis véritablement à la vie.

Je ne puis dire combien cette épreuve, que le Seigneur m'a envoyée, m'a fait mal ; aussi j'ai été rendue coupable, car j'ai manqué de force pour en triompher.

Je devrais être dans la joie, et je suis triste, triste.
O Seigneur, pardonnez-moi.

8 h. ½ du soir.

Merci, mon Dieu, je suis raccommodée avec moi

même. J'ai fait effort sur moi, j'ai abaissé mon orgueil qui aime si peu à plier, et tout de suite, il m'a semblé que vous, mon Dieu, me saviez bon gré de cette démarche qui me coûtait un peu à remplir.

A présent je suis tranquille, parce que je crois, j'espère que le Seigneur m'a pardonnée. Aussi j'ose maintenant lui demander les grâces pour lesquelles ce matin a été offert le plus saint de tous les sacrifices.

Seigneur, que votre volonté soit faite en toute chose. Seigneur, non pas ce que je veux, mais ce que vous voulez.

Esprit Saint, faites-moi connaître ce que vous souhaitez que fasse votre servante. Dirigez toutes mes actions, inspirez toutes mes pensées.

Si c'est vous, ô mon Dieu, qui m'avez donné le désir que j'ai de me faire Fille de la Charité, je vous en conjure ardemment par les mérites de la Très-Immaculée Vierge Marie, et de Saint Vincent, votre fidèle serviteur, fortifiez-moi tous les jours dans ma chère vocation, et exaucez la prière fervente que je vous adresse, d'être dans quelques mois dans ce bienheureux Séminaire, qui me semble le plus beau des palais.

9 heures du soir.

(à Sœur Louise)

Mon cher bon Ange, c'est sans doute la dernière fois que j'aurai le bonheur de prier à côté de vous dans cette chère chapelle de l'hôpital de St Amans ! jamais, croyez-le, je n'oublierai les joies si nouvelles et si grandes que j'y ai goûtées.

Jusqu'alors j'avais vécu dans le monde entre deux extrêmes dangereux : le froid de la philosophie, mêlée de protestantisme, et l'exagération révoltante d'une dévotion toute de politique et de mode. Faut-il l'avouer ? vous m'avez fait connaître et aimer une religion simple et vraie, vous m'avez appris à servir Dieu comme il le mérite ; c'est à vous que je dois d'être reconciliée avec mon Créateur et avec ma conscience, à vous que je dois tout mon bonheur depuis que je suis ici.

Mon cœur vous appartient à jamais, en Dieu : il vous est attaché par des liens d'affection et de reconnaissance ; comment pourrais-je jamais vous oublier ? Dieu nous a unies ; ce n'est pas une amitié du monde que la nôtre, elle durera, n'est-ce pas ? autant que notre vie ; et plus tard, je l'espère, le Seigneur nous réunira près de lui pour l'Éternité.

Vous voulez que je vous laisse ce petit livre : dites-vous que vous y verrez peu d'esprit, mais l'expression franche et sincère de ma pensée, depuis que mes yeux ont commencé à jouir de l'éclat de la vraie lumière.

Priez pour moi, mon bon Ange, afin que je vous vaille un jour, et que je sois digne de porter comme vous la cornette et le saint habit des filles de saint Vincent.

Priez le Seigneur de me conserver les grandes grâces dont il m'a comblée depuis quelque temps, et de m'exaucer dans mon plus cher désir.

Pensez à moi dans ce petit coin de la sacristie où j'ai passé de si bons moments, où vous avez demandé un jour à Dieu de n'aimer que lui, et où il vous a répondu qu'il vous permettait de m'aimer aussi.

Pensez à moi dans cette chambre où pour la première fois nous nous sommes comprises. Pensez à moi surtout dans la chapelle ; j'y serai souvent en esprit avec vous.

Adieu, mon cher bon Ange, ma Sœur bien chère, je vous le dis devant Dieu : jamais votre souvenir ne sortira de mon cœur et de ma pensée ; et le petit chapelet me sera toujours de plus en plus précieux.

Adieu, je vous aime du fond de mon cœur, en Dieu, notre Créateur.

Berthe de Mornay

Priez pour votre pauvre B....

———+———

RÉFLEXIONS

SUR

l'Imitation

de

JÉSUS - CHRIST.

Livre Premier.

Souli-Berg, 8 Octobre 1849.

Chapitre Premier.

Nul ne peut être sauvé qu'en Jésus-Christ et par Jésus-Christ.

Pourquoi connaît-on si tard cette loi qui doit régir toute âme chrétienne ? Pourquoi la grande affaire du salut préoccupe-t-elle si peu, lorsque l'esprit et les sens se nourrissent sans cesse avec avidité des choses de la terre ?

Que l'homme se pénètre donc bien de la pensée qu'il n'est sur cette terre que pour servir Dieu fidèlement, en vue de mériter sa possession éternelle dans le Ciel. Être à jamais près de Dieu dans le séjour des bienheureux : voilà quel doit être le but de l'homme pendant son pèlerinage sur la terre.

Mais qu'il le sache bien ; ce n'est pas en jouissant de la vie des sens que l'homme peut-être sauvé ; ce n'est pas en livrant son cœur au démon de l'orgueil qu'il travaille à son salut. Que l'homme s'oublie lui-même ; qu'il oublie toutes les choses sensibles pour ne s'attacher qu'à Dieu, alors il sera vraiment ouvrier dans la vigne du Seigneur, et il recevra un salaire de gloire et de bonheur de la main même du divin Maître.

Qu'il se presse, celui qui veut être récompensé ; la nuit, la nuit du tombeau, l'éternelle nuit approche : bientôt, il n'y verra plus pour amasser son trésor et terminer sa tâche.

Jésus l'a dit : « Celui qui me suit, ne marche pas dans les ténèbres. »

Où chercher un autre modèle pour celui qui aspire à la perfection ? Il n'est pas donné à l'homme d'atteindre à ce haut point de perfection réservé à la seule nature divine, mais ses efforts doivent tendre à s'en rapprocher le plus possible. Pour l'homme, Jésus-Christ renferme en lui seul toutes les perfections, perfections humaines, perfections divines.

Que l'homme cherche donc à imiter le divin Maître qu'il le suive pas à pas ; qu'il se nourrisse de sa parole ; qu'il se pénètre de ses enseignements. Lorsque la lumière de la foi en Dieu, lorsque le flambeau de l'amour de Dieu, éclaireront la marche de l'homme sur la terre : alors qu'il espère, il sera sauvé.

Soult-Berg, 9 Octobre 1849.

Chapitre II

Les premiers seront les derniers, et les derniers seront les premiers.

Ah ! qu'ils se pénètrent bien de cette vérité, tous ces

philosophes, tous ces superbes, orgueilleux de leur esprit et de leur raison. A quoi leur servira la vaine science dont ils se nourrissent, s'ils négligent l'étude du vrai bien ? qu'importe, s'ils travaillent pour les hommes et non pour leur salut ? Le démon de l'orgueil n'a déjà que trop d'empire sur l'homme.

Orgueil, tu perdis le genre humain ! Oh ! si la science ne servait qu'à conduire celui qui étudie à glorifier de plus en plus l'Être Suprême dans ses œuvres, si la science rendait humble, en montrant l'infinie et admirable puissance du divin Ouvrier, alors l'homme ne devrait pas se lasser d'apprendre et de s'instruire. Mais, hélas ! celui qui croit savoir, ne veut pas s'arrêter ; il ne met pas de bornes à ses désirs insensés ; il veut savoir encore, savoir toujours ! Et pourquoi ? Presque toujours par orgueil de soi-même, pour être honoré et admiré parmi les hommes. Qu'il est adroit à se déguiser, le démon de l'orgueil : il revêt mille formes ; il se cache même sous les dehors de l'humilité.

Combien de personnes qui font la charité par ostentation, qui jouent la modestie pour obtenir de nouveaux éloges, qui simulent l'ignorance pour faire davantage apprécier leur science !

Ils ne savent donc pas, ceux qui croient n'ignorer rien, ils ne savent donc pas que Dieu, le grand Juge, en demande d'autant plus à ces hommes qui jouissent sur la terre de la supériorité. S'il leur accorde un don de plus, s'il leur permet d'acquérir une science plus grande, il exige en retour qu'ils soient dignes d'être modèles pour leurs frères. Et sans aller jusqu'à Dieu, les hommes eux-mêmes sont exigeants pour ceux qui s'élèvent ou semblent être élevés parmi eux. Si le savant interrogé se trompe dans sa réponse, alors l'élève doute et ne croit plus à ses leçons; si le philosophe qui enseigne la sagesse n'est pas exemplaire dans sa conduite, alors ses disciples changent leur admiration en moquerie, et le faux sage voit son auditoire déserter.

Combien est grande la tâche de celui qui veut jouer le premier rôle parmi les hommes et paraître au premier rang; pourquoi embouche-t-il la trompette de la renommée, pour avertir le monde de ses propres mérites? Oh! s'il en possède réellement, qu'il se rassure; l'humble violette, cachée sous les feuilles, se fait découvrir par la douce odeur qu'elle répand autour d'elle: ainsi les parfums qu'exhaleront les vertus de l'homme juste et humble de cœur, le feront reconnaître entre tous.

Quiconque s'élève sera abaissé; quiconque s'abaisse sera élevé.

———————+———————

Souli-Berg, 13 Octobre 1849.

Chapitre III

———

Celui-là est vraiment sage qui pour gagner Jésus-Christ, regarde comme de la boue toutes les choses de la terre.

Qu'est-ce que la parole de l'homme auprès de la parole

de Dieu? Pauvres gens que ceux qui suivent plutôt la doctrine des hommes que celle de Dieu! Il ne faisait pas de la science en parlant, le Verbe incarné; il ne cherchait pas à attirer par la magnificence de ses discours. Il parlait au cœur; ses paraboles ramenaient à lui toutes les intelligences que le démon de l'orgueil ne retenait pas.

Trop heureux mille fois les pauvres d'esprit : le royaume des cieux leur est ouvert.

Oh! oui trop heureux les savants qui reconnaissent et proclament leur ignorance, en face des innombrables merveilles de la création et des mystères de la nature.

Trop heureux ceux qui croient sans avoir vu.

La doctrine de Dieu, c'est la doctrine de la vérité par excellence; c'est le pain dont se nourrit avec délices l'esprit du sage; c'est la source inépuisable à laquelle doivent aller boire tous ceux qui ont soif.

Que devient la parole de l'homme quand les siècles succèdent aux siècles? Le vent des âges et des vicissitudes l'emporte avec lui, et la disperse, et bientôt, il n'en reste même plus d'atômes. La parole de Dieu est immuable; la parole de Dieu est éternelle. Elle traverse les temps; elle se propage de générations en générations, toujours une comme Celui dont elle émane, forte comme le Tout-Puissant; parole de bonté pour le juste, condamnation pour le coupable; seule voie qui mène au vrai bonheur pour tous les hommes. Où somces superbes qui prétendaient enseigner aux hommes leurs propres doctrines? Ils sont dispersés! La faux de l'impitoyable mort les a renvoyés dans le néant, dont ils étaient sortis.

Homme, souviens-toi que tu n'es que poussière et que tu reviendras poussière!..... Souviens-toi que celui qui ne suit pas la parole de Dieu, s'égarera dans le chemin de la vie.

—✦—

Soult-Berg, 16 Octobre 1849.

Chapitre IV

L'homme est toujours impatient; à peine conçoit-il un désir, il voudrait déjà le voir réalisé. Qu'il le pèse donc bien dans sa raison et dans sa conscience, qu'il n'oublie jamais que la volonté de Dieu doit être faite en toutes choses.

Peu importent les désirs de l'homme, s'ils ne sont pas inspirés par Dieu; peu importe la volonté humaine, si le souverain Maître ne la trouve pas bonne et ne l'autorise pas.

L'imagination est fertile à se créer des chimères; les désirs des hommes sont éphémères, ils naissent et meurent le même jour, souvent plus vite encore : brillants fantômes qui s'évaporent lorsqu'un vent les saisit; images séductrices quelquefois présentées par l'esprit du mal pour attirer l'homme et se rendre maître de son esprit.

Oh! si l'homme savait combien lui sont dangereuses les pensées que Dieu n'approuve pas. Oh! qu'il se garde de souhaiter une chose avant d'avoir pris conseil de ceux que la divine intelligence inspire. Quand ses désirs sont ratifiés par les anciens de la nation, quand les ministres du Seigneur lui ont dit : Demandez et on vous donnera ; frappez, et il vous sera ouvert, alors que l'homme soit tranquille : il peut souhaiter, il peut vouloir avec l'aide de Dieu.

———— + ————

Souh - Berg, 24 Octobre 1849.

Chapitre V.

La parole de Dieu doit être la nourriture des esprits sages ; aussitôt que l'on y a goûté, on se sent l'âme réconfortée. Mais la parole de Dieu est simple et sans fard ; toujours vraie, quoique souvent obscure pour ces intelligences qui craignent trop de s'y soumettre.

Pourquoi l'homme orgueilleux cherche-t-il toujours à comprendre ces vérités que Dieu lui montre de loin, cachées sous le voile ?

Quoi donc, faut-il que le cœur n'aime la religion et les saintes Écritures que si la raison s'incline ?

Trop heureux ceux qui voient, les yeux couverts du bandeau de l'amour divin ! Trop heureux ceux qui croient avec la fermeté d'une foi vive et sans bornes !

Faudrait-il donc, pour convaincre l'homme, que la parole de Dieu fut éloquente, comme l'entendent les philosophes ?

Elle a ce qui vaut mieux : elle a cette éloquence du cœur qui touche et qui persuade ; elle a cet accent de vérité qui confond les incrédules. Les justes y trouvent la promesse des récompenses éternelles ; les méchants et les superbes l'annonce des châtiments qui ne finiront jamais. Oh ! voilà, voilà ce qui vous révolte, impies, orgueilleux ! Les châtiments !… Eh bien ! cette même parole vous enseigne aussi le droit chemin, et les moyens de n'en pas dévier ; elle vous enseigne cette science qui satisfait à la fois, le cœur, la conscience, et la raison docile ; cette science qui doit être la règle de toute la vie : l'amour de Dieu.

Lisez et croyez.

———————+———————

Paris, 20 Décembre 1849.

Chapitre VI.

Si l'homme veut trouver le vrai bonheur sur la terre, ce n'est pas en cédant à ses passions qu'il y parviendra. Est-ce en amassant une multitude de trésors que l'avare sentira s'apaiser sa soif de richesse ? Parvenu au faîte des honneurs et de la puissance, un ambitieux sera-t-il satisfait ? Jamais !

Les passions conduisent tout ce à un abîme sans fond : si l'homme ne résiste pas à un désir, parce qu'il lui paraît de peu d'importance pour son salut, bientôt un désir plus grand se présentera à lui ; y cède-t-il, après un court combat, alors la voix des passions commence à se faire entendre, d'abord douce et paisible : elle touche le cœur sans le rendre sensible ; mais elle ne tarde pas à s'animer si on l'écoute. Oh ! quand l'homme prête l'oreille à cette voix de l'ange des ténèbres, alors l'homme est perdu ! Il fléchit, il succombe, une fois, une seule fois !.....

Le souffle du zéphir est devenu un vent impétueux ; il brise les derniers liens de la raison ; il mugit dans cette tête égarée, il bouleverse ce cœur qui n'a plus d'abri contre sa fureur.

Est-ce donc ainsi que l'homme croit trouver le bonheur ?

Infortuné ! non, le bonheur ne sera pas son partage ; ni aujourd'hui ! ni jamais !

Ni aujourd'hui ! Peut-il être heureux, incessamment tourmenté par l'aiguillon du remords ?

Ni jamais ! jamais, c'est l'éternité, une éternité de peines ; une éternité de supplices, une éternité de désespoir !.....

Voilà ce qui t'attend, toi qui as voulu jouir de la vie, en t'abandonnant à tes passions impérieuses. Homme, ton Dieu, ton Dieu daigne encore te regarder d'un œil de miséricorde : il a pitié de ton égarement et il t'enseigne le chemin qui conduit au vrai bonheur. Que tes désirs aient pour but d'obtenir une place dans le royaume des cieux ; garde pour passion l'amour de Dieu ; goûte les leçons du divin Maître.

Nourris-toi de la parole sainte; médite, médite surtout la vie du bien aimé Sauveur.

Alors tu seras heureux, aujourd'hui, toujours !

Paris, Noël 1849.

Chapitre VII.

Ne mettez votre confiance qu'en Dieu seul; il ne manquera jamais à l'âme fidèle.

Hélas ! l'homme pratique rarement cette pieuse loi de l'humilité.

Pourquoi ?

Oh ! c'est que l'homme s'enorgueillit de sa raison, de son intelligence, il rapporte tout à lui-même et non à l'unique et intarissable source de tous les mérites. L'homme se croit quelque chose.

Pauvre indigne créature, qu'es-tu donc devant ton Créateur ?

Est-ce du libre arbitre que le Seigneur t'a accordé que tu es si fière, et crois-tu que ce libre arbitre te donne le droit de rapporter à toi toute chose ?

Vraiment, si c'est l'orgueil de ta propre raison qui peut conduire à de pareilles pensées, à une semblable aberration, oh! alors, alors, j'oserais dire à mon Dieu : « Seigneur, « daignez me retirer ce don, que j'ai cru le plus précieux de tous « ceux dont votre magnificence m'avait gratifiée. Si ma raison « me fait oublier que je ne suis rien et que je vous dois tout, je « souhaiterais, ô mon Créateur, être comme un simple animal, « doué du seul instinct, de cet instinct, qui porte le chien fidèle « à lécher la main de son maître ; de cet instinct qui me lais- « serait toujours reconnaissante et attachée à Celui qui est « mon Bienfaiteur et mon Père. »

Voilà ce que je dirais au Seigneur, car je ne comprends pour l'homme qu'une vie de confiance, de résignation et d'humilité devant la volonté divine.

Si l'homme fait une bonne action, qu'il la rapporte tout entière à Celui qui la lui a inspirée, et qu'il n'en garde rien, rien pour lui : oh! oui, une part de bonheur d'avoir agi pour plaire au divin Maître.

Si l'homme possède une intelligence supérieure à celle du prochain, qu'il ne s'en glorifie pas, mais qu'il rende grâces à Dieu, qui l'en a doué, et qu'il s'humilie dans ses services. L'homme pour être vraiment chrétien, ne doit former un désir qu'en le soumettant à la sanction divine, car un enfant de Dieu, ne peut vouloir que ce qu'il plaira à Dieu de vouloir pour lui.

Si le désir de l'homme est juste et bon, alors qu'il se repose en Celui qui est prodigue de grâces ; qu'il ait confiance sans bornes, et qu'il ne dise pas : « A cet instant, soyez-moi « favorable. » Qu'il dise : « Que votre heure soit la mienne, et « qu'il soit fait selon votre volonté. » Dieu est infiniment miséricordieux, il a dit : Demandez et vous recevrez. Que l'homme espère donc ; qu'il espère toujours, et il ne sera pas confondu éternellement.

Mais si l'homme se permet une volonté propre, alors qu'il craigne, car la sagesse de Dieu se joue des désirs orgueilleux.

✝

Paris, 9 Janvier 1850.

Chapitre VIII.

Bienheureux ceux qui ne s'attachent qu'à Dieu seul ; jamais leur confiance ne sera trompée ; jamais les effusions de leur cœur ne seront repoussées.

Les affections de l'homme sont variables ; l'amour de Dieu est immuable.

Souvent pour attirer les épanchements d'autrui, un homme se revêt d'un habit d'emprunt, et sous de faux et séduisants dehors, captive et attire. Dieu est toujours le même, et se manifeste à nous tel qu'il est et sera éternellement.

Le cœur de Jésus est embrasé pour les hommes d'un feu qui ne s'éteindra jamais. Le cœur de l'homme ne peut brûler que d'une flamme éphémère, si elle ne s'alimente au foyer du seul pur et éternel amour. Il faut aimer Dieu de tout son cœur.

En quel autre que le Créateur mérite de posséder uniquement le cœur de sa créature ? L'homme qui ne voudrait pas donner à Dieu son cœur entier, ne serait pas digne de savoir ce que c'est qu'aimer. C'est pourtant une douce chose que d'aimer ! Avoir au cœur ces affections légitimes que la religion et la morale sanctionnent, que la nature inspire c'est une douce chose ! Mais combien est plus doux encore l'amour de Dieu. Oh ! quelles délices y trouve l'âme fidèle ; quelles joies, quel bonheur toujours ancien, et toujours nouveau !

C'est un fleuve qui inonde une terre aride de son limon fertilisant ! c'est une fontaine limpide et toujours intarissable ! c'est un vase d'élection ! c'est une fleur, la plus belle des fleurs, aux plus suaves parfums !

L'amour qui se rapporte uniquement à la créature, c'est un torrent dévastateur qui entraîne et bouleverse ! c'est une source incessante de déceptions ! c'est une urne d'oubli ! c'est un souci qui se fane et qui meurt, et qui toujours renaît de sa pourriture !

Homme, choisis !......

170.

Chapitre IX.

———

L'obéissance à Dieu est une loi de la nature, et pourtant bien peu d'entre les hommes savent s'y soumettre avec résignation.

L'homme est fier du libre arbitre que le Créateur lui a laissé : il est fier de sa raison, et il ne comprend trop souvent la soumission qu'à ces décrets de la souveraine puissance, auxquels il ne lui est pas possible de résister. Mais que l'homme soit toujours résigné pour les bons ou tristes arrêts ; qu'il se soumette volontairement à une autorité humaine, infaillible ou non : voilà ce qui révolte presque perpétuellement la superbe de l'homme. S'il avait toujours la sagesse de regarder les supérieurs légitimes comme étant pour lui les représentants de Dieu sur la terre ; mais ce n'est que trop rare. Pourtant que l'obéissance devient facile quand on la pratique en vue de plaire à Dieu ; comme les choses les plus répugnantes à la nature paraissent simples et douces à faire, si la soumission à Notre-Seigneur en est le but. Alors rien n'arrête plus ; les obstacles s'adoucissent devant vous, et plus vous allez, plus la route s'aplanit.

Notre divin Sauveur lui-même nous montre le plus admirable exemple d'obéissance : lorsque son divin et immense amour pour les hommes l'eut conduit sur la terre ;

il remit entre les mains de Dieu son Père, sa toute puissance, égale à celle des deux autres personnes divines de la St.e Trinité. Depuis lors sa soumission aux décrets du Père éternel fut sans bornes ; et pour règle et pour maxime, il laisse à ses disciples, à sa grande famille, à son Eglise, cette seule parole qui s'échappe de son cœur, après les combats du jardin des Olives : « Mon Père que votre volonté soit faite. »

Et nous, ses enfants bien aimés, nous devons répéter après lui : « Mon Dieu, mon Père, que votre volonté soit faite. »

Paris, 1er Février 1850.

Chapitre X.

Il faut éviter les discours inutiles.

Combien de choses sont dites dans ce peu de mots ; que d'enseignements dans cette phrase ! Certes il peut être souvent avantageux de parler ; mais à ces âmes privilégiées qui, détachées de la terre et d'elles-mêmes, peuvent élever votre esprit aux sublimes hauteurs de la spiritualité. D'autres fois encore, il est bon de parler : c'est quand le zèle de la gloire de Dieu vous conduit, et qu'animé de la plus sainte charité vous entreprenez la conversion d'un cœur trop humain. Alors ne vous arrêtez pas, et que votre parole empreinte d'une pieuse et ardente émotion, presse, touche et ramène cette âme égarée.

Mais sans cela, gardez-vous des discours oisifs ; formez dans votre cœur un sanctuaire où vous puissiez vous retirer, au milieu même du monde : dans cette solitude, que votre Dieu vient aussitôt partager avec vous, jouissez sans mélange du bonheur que l'âme fidèle trouve à s'entretenir avec son divin bien aimé, et des douceurs infinies vous dédommageront amplement du silence que vous observez avec les hommes du siècle.

Paris, 2 Février 1850

Chapitre XI

Le moyen certain d'arriver à posséder la paix de l'âme, c'est de n'avoir qu'un seul et unique moteur de toutes ses actions : le service de Dieu et la résignation chrétienne à la volonté divine. Après cela, que le monde entier se déchaîne contre vous, vous resterez calme au milieu des orages et vous goûterez les plus grandes douceurs de la vie mortelle.

Mais combien il est difficile de ne s'occuper que de soi ; c'est-à-dire de la grande affaire de son salut ! Il n'est que trop vrai que l'on regarde bien plus ce qui se passe à côté de soi, les travaux et les défauts du prochain, que ses propres et bien plus profondes plaies, dont nous serions souvent effrayées si nous voulions les sonder jusqu'au vif. Nous redoutons d'entreprendre une cure énergique, nous nous endormons sur nous-mêmes, mais le démon, lui, ne s'endort pas. Pourtant, n'est-ce pas en purgeant notre âme, de toutes ses passions, en la délivrant des liens qui l'attachent au péché, en domptant notre appétit sensitif (tel que dit saint François de Sales) n'est-ce pas ainsi que nous parviendrons à lui rendre la paix intérieure ?

Oui, voilà le vrai secret du bonheur : être pur devant Dieu. Il faut agir avec courage, et ne pas s'arrêter un seul instant ; il faut conserver toujours ce feu si ardent des premiers moments de la conversion. Mais à quel foyer s'embrase cette flamme incessante ? Oh ! il n'en est qu'un seul, unique, mais inépuisable, et qui, toujours brûlant, toujours purifie le cœur et l'âme. C'est au pied du crucifix, en élevant ses regards vers le cœur de Jésus, que l'âme fidèle et repentante, recevra un rayon de cette flamme qui l'animera de courage et de force.

✝

Paris, 3 Février 1850.
Sexagésime.

Chapitre XII

Hélas ! pourquoi donc n'est-ce presque que dans l'adversité, que l'homme élève son cœur vers Dieu pour le prier et implorer sa miséricorde ?

Mais nous sommes ainsi faits, ou plutôt nous nous

faisons ainsi nous-mêmes; au milieu des joies et des bonheurs de cette vie, l'homme pense peu à rendre grâce à Dieu, l'unique et divin dispensateur de tant de bienfaits, il ne pense qu'à jouir........ Insensé ! tu oublies donc, alors, que Dieu est le seul ami que tu puisses être toujours sûr de trouver, dans les chagrins qui doivent aussi venir t'éprouver. Lui, il ne te manquera jamais. Combien un jour devras-tu bénir cette souveraine Providence, que tu négliges de glorifier dans tes prospérités; et alors trop heureuses pour toi seront les adversités, puisqu'elles t'auront rappelé le souvenir de ton Père dans les cieux.

N'attends pas si longtemps: prie dès maintenant, prie Celui qui t'aime et te pardonnera ton oubli; prie-le avec ferveur, et sans doute ce Dieu si bon, satisfait de tes tardifs hommages, relèvera la main de justice, prête à s'abaisser sur ta tête.

———— + ————

Paris, 5 Février 1850.

Chapitre XIII

Il est triste pour les âmes faibles de ne pouvoir se mettre complétement à l'abri des tentations; mais les humbles de cœur et d'esprit, qui craignent leur peu de force, qui veillent et prient, en mettant toute leur confiance en Dieu, ceux-là doivent être tranquilles, et ne point redouter les

assauts du démon: ils le vaincront avec le secours de la grâce
divine. Pour l'âme fidèle les tentations sont un avertissement salutaire, dont, loin de s'effrayer, elle remercie Dieu,
qui lui rappelle ainsi sa faiblesse, et lui donne, avec l'épreuve,
un nouveau courage et une nouvelle force pour y résister.

Jésus, notre divin Sauveur, dans le jardin des Olives, dit
aux disciples de veiller et de prier; mais ils s'endormirent et
succombèrent. L'ange des ténèbres, lui, veillait auprès d'eux...

Quel exemple!.... Pierre qui n'avait pu vaincre le
sommeil, lorsque le divin Maître lui avait dit de veiller, Pierre
qui se croyait au-dessus de toute crainte, quelques heures
plus tard, renia trois fois son Maître et son Dieu!....

Oh! pourquoi ne veillait-il et ne priait-il pas?

L'adorable Sauveur, lui, dans le jardin des Olives,
veilla et pria: il pria beaucoup Dieu son Père, au milieu
des angoisses les plus plus déchirantes, au milieu d'une sueur
de sang, fatigué par les combats les plus rudes; il pria beaucoup, et il triompha, et le sacrifice s'accomplit.

Âmes fidèles, veillez et priez!

Paris, 6 Février 1850.

Chapitre XIV.

Toujours notre esprit inquiet nous porte à envier
le bonheur d'autrui, ou à blâmer dans le prochain ce

que nous nous permettrions souvent à nous-mêmes. Si dans toute chose nous ne cherchions que la plus grande gloire de Dieu et non notre propre intérêt, nous n'agirions point ainsi : fidèles à la grâce et aux inspirations divines, nous nous attacherions à remplir, le moins indignement possible, la tâche qu'il plairait au souverain Maître de nous imposer, et les actions des autres, passeraient inaperçues pour nous.

Certes l'on a bien assez à faire, à ne s'occuper sans relâche que de soi et de son salut ; mais hélas ! le salut éternel, c'est la moindre des choses auxquelles pense la majeure partie du genre humain.

Le salut éternel ! oh ! la vie est si courte, pourquoi l'assombrir par l'idée de cette cruelle nécessité de la mort, qui ne viendra que trop tôt ? Le salut éternel ! oh ! la vie est longue ; qui nous presse ?

Quand les glaces de l'âge nous avertiront que l'heure de la fin approche, alors, il sera assez temps.

Assez temps !....

———————+———————

Paris, 8 Février 1850.

Chapitre XV.

Ah ! quelle est sublime cette charité puisée dans l'unique amour de Dieu ; mais aussi, combien elle est rare sur cette terre ! Aimer son prochain en Dieu et pour Dieu, c'est la grande loi de l'Évangile et celle pourtant à laquelle nous nous soumettons le moins. Oui, celui qui nous prêchait la parole de vérité, du haut de la chaire chrétienne, avait raison lorsqu'il nous disait : « Il y a des cœurs bons et des cœurs très bons. » Les premiers font le bien par charité pieuse et pour obéir au précepte qu'a enseigné le Dieu bon. Les seconds font le bien uniquement en vue de Dieu, qu'ils se représentent dans la personne des pauvres, ces membres souffrants de Jésus-Christ. Oh ! ceux-là auront une part dans le royaume des cieux. Mais à côté de ces cœurs embrasés d'un feu si pur et si ardent de la charité évangélique, il n'y a que trop de ces cœurs tièdes et indifférents, qui dans la bonne œuvre, cherchent leur profit propre ; ou même, pour sonder jusqu'au fond les plaies du genre humain, la font par ostentation. Alors, qu'ils craignent, car un jour leurs charités seront elles-mêmes les preuves des accusations portées contre eux, et l'orgueil s'y découvrira encore. Il n'y a qu'un seul moyen de pratiquer la véritable charité, l'âme fidèle ne s'y trompera pas : c'est de s'oublier soi-même en toute chose et de rapporter ses moindres actions au Suprême bien.

———— + ————

Paris, 9 Février 1850.

Chapitre XVI.

Pourquoi reprocher à autrui ses imperfections, quand nous-mêmes, plus que tout autre, nous nous laissons sans cesse entraîner par la concupiscence ? Nous voudrions trouver dans le prochain une perfection que nous cherchons à peine à acquérir pour nous-mêmes ; les reproches et les corrections nous irritent, et nous ne craignons pas de les imposer aux autres. Oh ! la vraie charité n'agit point ainsi, et nous ne la ferons point aimer, si elle nous rend si sévères pour les défauts d'autrui. Montrons-nous plutôt justes et rigoureux pour nous-mêmes, alors nous acquerrons le droit de donner un avertissement religieux à celui que nous verrons prêt à faire un faux pas dans la droite voie. Considérons nos propres misères et notre peu de force pour résister aux tentations et soyons indulgents pour la faiblesse de notre prochain.

Paris, 10 Février 1850.

Quinquagésime.

Chapitre XVII.

Pour vivre de la vie religieuse, il faut que vous deveniez insensé aux yeux des hommes pour l'amour de Jésus-Christ.

Heureux ceux qui, pour Dieu, savent se mettre au

dessus de tout respect humain, qui ont le courage moral de rompre tous liens qui les attachent encore à ce qui s'appelle le monde et ses prétendus devoirs. Oui, je dis prétendus, car pour l'âme fidèle peut-il vraiment être d'autres devoirs que le service de Dieu, dans toute l'acception la plus rigoureuse des lois de l'Église. Mais, ce sont ces lois elles-mêmes qui paraissent insensées aux hommes du siècle. Les pratiques les plus touchantes de notre foi, sont traitées de puérilités; les traditions pieuses et qui parlent au cœur, de fables inventées pour les esprits faibles. Pauvres gens ! eux sont à plaindre qui se privent ainsi volontairement des plus grands appuis pour le temps d'épreuve.

Ils ont la bonne part pour eux, ceux qui dépouillant le vieil homme et toutes ces faiblesses de l'esprit mondain, sont appelés par le Sauveur à l'existence qu'il accorde aux âmes privilégiées. Humbles par choix, pauvres par choix et par le choix du divin Maître, oh ! ils n'ont rien à envier sur la terre. Certes, ils doivent encore rencontrer des jours nébuleux ; mais qu'est-ce auprès des orages de la vie du monde ? Qu'est-ce auprès des tempêtes des passions dont on voit tous les jours les trop funestes et les trop fréquents effets ? Dans une Communauté, où l'on est entré avec une véritable vocation, les temps brumeux sont des croix que toute âme chrétienne doit porter en union à celle de Jésus-Christ. Et comme elles semblent légères quand l'amour de Dieu aide à les soutenir.

Vivre en portant fidèlement sa croix, mourir en la pressant sur des lèvres qui ne se seront jamais ouvertes que pour chanter ses gloires, et reposer de l'éternel sommeil à l'ombre de cette divine croix; voilà les souhaits les plus ardents que doit former toute créature de Dieu, dans la vie religieuse: ils seront réalisés pour l'âme fidèle, amoureuse de son céleste Époux.

———— + ————

Paris, 12 Février 1850.

Chapitre XVIII.

Ils étaient pauvres des biens de la terre; mais qu'en récompense, ils étaient riches en grâces et en vertus.

Combien sont précieux à l'âme fidèle ces trésors spirituels que recueillaient les saints Pères, fruits de leurs pénitences et de leurs sublimes mortifications. Mais il est loin de nous ce temps d'ardente contrition, de brûlant amour, où nous voyons abonder de si admirables exemples.

Les cœurs sont tièdes, et le strict devoir a maintenant remplacé les élans de la ferveur. Et pourtant, le genre humain n'est pas devenu meilleur, ni notre nature moins peccable. Le sacrifice du Calvaire est toujours devant nos yeux; mais il semble qu'il ne parle plus si haut à nos cœurs.

La vie est courte cependant, et serait-elle de milliers de siècles, elle ne serait pas trop longue pour travailler aux œuvres du divin Maître, depuis son aurore jusqu'à son couchant.

————— ✝ —————

Paris, 13 Février 1850.

Chapitre XIX.

Plus que tout autre encore, ceux qui ont embrassé la vie religieuse, doivent faire une attention continuelle aux assauts du démon et de la concupiscence humaine. Qu'ils songent sans cesse à travailler pour être vraiment au dedans ce qu'ils paraissent au dehors. Pour vivre de la vie de Jésus-Christ, il faut mourir à soi-même, s'imposer une continuelle mortification de l'esprit et des sens et cultiver sans relâche la vigne du Seigneur.

Chaque règle a été établie pour le meilleur service du divin Maître; chaque exercice de piété pour glorifier le Roi des rois, et humilier son propre néant devant cette sublime Majesté. Les plus petites choses de la vie de Communauté doivent donc être faites dans l'esprit qui les impose; c'est-à-dire pour servir et honorer Dieu; et chaque manquement volontaire aux règles ou pratiques religieuses, est une offense à la personne même de Dieu.

Il a été dit que l'œil du Maître était nécessaire au milieu de ses ouvriers. Que les bons religieux pensent toujours qu'ils sont en présence du Souverain tout-puissant, et ils se sentiront animés d'une ardeur incessante pour perfectionner l'œuvre de leur salut éternel.

—✦—

Paris, 14 Février 1850.

Chapitre XX.

Le monde passe, et les désirs du monde passent aussi.

Oh ! qu'elles sont fugitives ces joies du monde, et que souvent, elles laissent après elles d'amers regrets. Le prompt et entier oubli est leur sort ordinaire. Elles attirent, elles séduisent, et bientôt elles précipitent dans le gouffre ceux qui s'abandonnent à leur charme trompeur. Elles naissent au matin, et trop de fois le déclin du jour n'est pas arrivé, que déjà on les a vues mourir. Elles sont retournées dans ce néant dont elles étaient sorties. Les jours succèdent aux jours, les années se suivent ; et qu'en est-il resté de ces joies éphémères ? l'oubli, le seul oubli !

Il n'en est point ainsi de ces jouissances ineffables que goûte l'âme fidèle en la compagnie de son divin Époux. Ils ne passeront pas ces bonheurs immenses ; ils seront infinis parce qu'ils reposent sur le fondement éternel de l'amour céleste. Le cœur de Jésus prodigue de nouveaux trésors à ceux qui en sont avides et savent les recueillir avec ardeur. Il adoucit les souffrances du corps; il donne la paix à l'âme. Ami incomparable, il vient se réjouir avec vous lorsque votre cœur est dans l'allégresse: il vient vous offrir lui-même de précieuses consolations, quand vous êtes éprouvés par les misères inséparables de la vie humaine. Toujours près de l'âme fidèle et solitaire, il est le confident de ses plus secrètes pensées; à peine forme-t-elle un souhait, déjà le bien aimé l'a exaucé, souvent il le prévient.

Ah! quelles délices auprès des joies du monde!

———

Eisenach, 8 Mars 1850.

Chapitre XXI.

Il y en a plus en ce monde qui disent: Seigneur, éloignez de moi ce calice! qu'il n'y en a qui, dans la componction sincère et profonde de leur cœur, ont la résignation pieuse et courageuse de boire jusqu'à la lie le calice d'amertume. Mais ceux, qui sans détourner les yeux, en ont la force, oh! qu'ils y trouvent des saveurs inconnues dont ils se nourrissent avec joie.

Pour l'âme fidèle la vie toute entière ne doit être

qu'un plus ou moins long pèlerinage dont le but est le salut éternel ; c'est une expiation de reconnaissance pour le sublime sacrifice du Rédempteur. Le pain trempé de larmes, doit être la nourriture préférée dont elle fortifie sa faiblesse ; ses tribulations et ses épreuves sont des aiguillons de l'amour, qui se complaît dans les souffrances, en vue de Celui qui l'aime.

Dresde, 17 Mars 1850.

Chapitre XXII.

Considérez les biens du ciel, et vous verrez que tous ces biens du temps ne sont rien.

Il est malheureusement fort peu d'hommes qu'une telle vérité n'effraie pas, et qui en soient bien persuadés. L'homme se croit sur la terre pour jouir de cette vie comme l'y poussent les passions, auxquelles la religion seule peut lui donner la force de résister. Mais la religion lui répète sans cesse qu'il faut souffrir, beaucoup souffrir, pour mériter une petite part dans le royaume de Dieu, et il préfère un court et incertain présent, à un avenir éternel. Insensés ! pensent-ils donc pouvoir arrêter la main de la justice divine ? de cette justice impartiale qui distribue également à chacun son fardeau de peines et de tribulations.

Si ce n'est pas aujourd'hui, ce sera demain, hommes égarés : vos richesses, votre sang, votre puissance, rien ne saura vous soustraire aux décrets de la Providence.

Qu'est donc votre vie, pauvres humains, en face de l'éternité ? Que sont les jouissances de ce bas monde auprès du bonheur de la céleste patrie ?

La possession de Dieu vaut bien des privations sur cette terre, et elle en dédommage amplement.

Jésus-Christ n'a-t-il pas dit : « Celui qui veut venir avec moi, qu'il prenne sa croix et qu'il me suive. » Elle était lourde la croix du divin Rédempteur ; il l'a portée avec courage, courbé sous le faix et ruisselant de sueur : l'amour reconnaissant doit nous rendre la nôtre plus légère. Et puis, il est plus que miséricordieux. Celui qui a donné sa vie pour sauver nos âmes aura compassion de notre faiblesse et nous fortifiera, lorsqu'il nous verra nous soumettre aux épreuves qu'il lui plaira de nous envoyer : un serviteur fidèle reculera-t-il devant une tâche imposée par le bon Maître ? Non, quelque rude qu'elle soit.

Dresde, 19 Mars 1850.

Chapitre XXIII.

Demain est un jour incertain; et que savez-vous si vous aurez un lendemain.

Dieu n'a pas d'heure; il vient à l'instant qu'il lui plaît, sans prévenir sa créature.

O vous qui êtes ouvriers dans la vigne du Seigneur, travaillez sans relâche; peut-être le Maître est proche, peut-être va-t-il paraître et compter avec vous. Vous le savez, l'œil du patron vigilant ne se ferme jamais, toujours il est attentif, et sait bien distinguer celui qui agit avec cœur et courage, de celui qui n'a en vue que le salaire, et non la perfection de l'œuvre.

Hâtez-vous; les moments sont précieux. Demain! Demain!.....

Et le verrez-vous encore lever ce soleil qui éclaire les bons travailleurs et ranime leurs membres fatigués par leur zèle. Hâtez-vous, le Maître aime à surprendre, votre tâche est-elle consciencieusement remplie?

Hélas! la pensée de la mort épouvante trop souvent les hommes; ils l'écartent autant que possible de leur esprit, et oublient trop souvent, ce terme imposé à leur existence. Ils se créent des chimères; ils s'abandonnent avec délices à de séduisants rêves d'avenir, d'un avenir, qui, commencé avec l'aurore, peut-être n'atteindra pas le crépuscule du soir.

————— + —————

Dresde, 20 Mars 1850.

Chapitre XXIV.

—————

En toutes choses, regardez la fin, et reportez-vous au jour où vous serez là, debout, devant le Juge sévère à qui rien n'est caché.

Il viendra pourtant ce moment terrible où le secret des consciences sera dévoilé, à la face des nations, devant le ciel et la terre. Il viendra cet instant où il sera fait à chacun selon ses œuvres, où assis à la droite du Père tout puissant, le Christ jugera les vivants et les morts, et fera entendre tantôt cette parole de gloire : « Venez les bénis de « mon Père, venez recevoir votre part du royaume qui vous a « été promis. » Et tantôt cet arrêt foudroyant : « Retirez« vous de moi, maudits, allez au feu éternel. »

Alors couleront des torrents de larmes de sang, et le glaive aigu du remords déchirera l'âme du grand coupable.

Combien sera amer le souvenir de ces jouissances éphémères auxquels ils se sont livrés en bravant le châtiment divin, qui planait sur leur tête. La durée de toute une vie sacrifiée à leurs passions ne leur paraitra plus qu'un songe d'un jour, en comparaison d'une éternité de supplices. Ils courberont alors devant le Juge suprême, ces fronts altiers qu'ils avaient osé lever si audacieusement, devant la religion et ses saints devoirs. Ils imploreront, en gémissant, la miséricorde qui, jusqu'à leur dernière heure, leur avait en vain tendu une main paternelle.

Mais aussi a sonné l'heure de la justice, et le Seigneur demeure inflexible, et d'éternels tourments sont déjà leur partage.

Elle est douce et consolante pour l'âme fidèle la pensée de ce jugement solennel et irrévocable, où toute une existence de sacrifices sera compensée par des béatitudes infinies ; où Dieu lui-même viendra essuyer les larmes du repentir courageux et persévérant, consoler toutes les misères et guérir toutes les souffrances, et enfin ajouter à tant de récompenses le prix inappréciable auquel tendent tous les efforts, tous les vœux ardents du juste : la possession du souverain bien pour l'éternité.

Homme que ne dois-tu pas faire pour mériter un tel bonheur ? Penses-y bien, cela soutiendra ton courage et te donnera une vigueur nouvelle. Penses-y toujours et la crainte que cette image te causera d'abord, se changera bientôt en un doux et impérieux besoin de n'avoir plus d'autre sentiment.

Dresde, 21 Mars 1850.

Chapitre XXV

Celui qui n'évite pas les petites fautes, tombera peu à peu dans les grandes.

Est-il possible qu'il y ait jamais le moindre relâchement, la moindre insouciance, dans la pratique de la vertu, lorsqu'on pense qu'il s'agit du salut éternel ? Mais il n'est que trop vrai, a-tel, même, qui résiste courageusement et victorieusement dans les graves tentations, succombe quelquefois, trop souvent peut-être, dans ces pièges de l'esprit du mal, dont il ne songeait pas à se défier, tant ils lui semblaient peu redoutables.

Âme fidèle, sois vigilante, sépare avec soin l'ivraie du bon grain que de pieuses résolutions font germer dans ton cœur ; arrache jusqu'aux racines des plantes parasites qui croissent à côté des bons sentiments. Après un avantage remporté, ne t'endors pas dans une quiétude qui te deviendrait fatale, car près de toi veille l'esprit infernal ; il a juré ta perte, il te dresse des embûches sous chacun de tes pas ; ses ruses sans cesse se renouvellent ; pour t'abuser, il revêt mille formes, même les plus saintes ; il ne recule devant rien, excepté devant Dieu. Juste, crois-le, ne t'arrête pas un instant ; celui pour qui tu travailles, du haut du ciel, veillera sur toi; il te fortifiera, s'il voit que malgré ton courage tu fléchis sous les fatigues de la lutte; mais il veut du zèle, il veut de la persévérance. Ame fidèle, te sens-tu faiblir, élève tes regards vers le Calvaire; tu puiseras dans ta reconnaissance une force invincible.

Livre II.

Dresde, 24 Mars 1850.

Chapitre I.

Laissez là tout ce qui passe, ne cherchez que ce qui est éternel.

Oh! la vie intérieure n'est-elle pas préférable à cette vie du monde, dont les souvenirs sont si fugitifs.

L'âme fidèle, qui sait se créer, en elle-même, une solitude, pour y être avec son divin Bien-Aimé, peut seule dire qu'elle a trouvé le vrai bonheur. Mais pour obtenir ces jouissances ineffables, il faut vaincre, en soi, la nature sensible, dont la puissance est toujours impérieuse, qui nous attache trop aux choses de la terre; et nous éloigne ainsi d'autant, de cet amour céleste qui devrait être unique, en notre cœur. Il faut du courage pour rompre ainsi des sentiments quelquefois bien chers ; il faut de la force pour résister à des entraînements inhérents, on peut le dire, à la créature humaine. Mais plus le sacrifice est grand, plus la récompense est immense ; et elle ne se fait pas attendre. Ceux qui souffrent pour Dieu, Dieu lui-même vient les consoler ; il leur fait entendre sa voix : cette voix divine, qui pénètre l'âme fidèle, et lui cause de suprêmes délices.

A ceux qui ferment les yeux aux choses du dehors, il daigne se découvrir radieux de gloire. A ceux qui craignant le venimeux poison, s'abstiennent de cette nourriture séductrice que le monde sait offrir, il leur apporte une manne céleste dont les saveurs sont délectables.

Déposez aux pieds du divin Maître l'offrande du plus pur et du plus ardent amour, l'hommage humble et sincère d'une raison éclairée et soumise, le renoncement complet à vous-même et l'entier détachement du monde et de ses affections ; alors Jésus vous donnera en échange une place sur son Sacré-Cœur, et il viendra à jamais habiter dans le vôtre.

Ame fidèle quel échange !
Ah ! il rend avec usure, le Sauveur adorable.

Dresde, 27 Mars 1850.

Chapitre II.

Inquiétez-vous peu qui est pour vous ou contre vous; mais prenez soin que Dieu soit avec vous dans tout ce que vous faites.

Qu'est-ce que les jugements des hommes auprès de la bonne conscience ?

Peu doit nous importer ce que les autres pensent de nous, quand nous obéissons à la volonté de Dieu, et que nous oublions toutes choses, pour ne penser qu'à lui.

Dieu aime l'âme fidèle, qui méprise toutes les misères de cette vie, qui foule aux pieds le respect humain pour obéir à la voix du divin Bien-Aimé.

Ne craignez pas, ô vous qui voulez vivre de la vie de Jésus-Christ, abandonnez-vous à lui sans réserve, et il vous soutiendra dans vos faiblesses, et il vous protégera contre votre ennemi, le monde, qui jettera des clameurs en se voyant enlever une proie.

Faites la moindre de vos actions en vue de Dieu, pour son service et son bon plaisir; alors vous recevrez tôt ou tard la récompense.

Ne vous recherchez jamais vous-même ; oubliez ce moi qui doit s'effacer complètement devant le seul bien que vous devez souhaiter.

Soyez humble, comme le divin Maître nous l'enseigne, il saura vous retrouver et vous donner la place que vos œuvres auront méritée.

Ame chrétienne, qui suivez la voie de la croix, fermez l'oreille aux cris du monde, marchez avec courage au sommet de la montagne : vous trouverez l'unique et incomparable trésor.

———— + ————

Dresde, 29 Mars 1850
Vendredi-Saint.

Chapitre III.

————

Qui sait le mieux souffrir, possédera la plus grande paix.

Oh ! quelle dure parole pour le serviteur indolent, qui recule devant le moindre obstacle, qui fléchit sous le plus petit fardeau. Il veut bien porter sa croix, pourvu qu'elle soit légère ; il veut bien suivre la droite voie, s'il ne doit point rencontrer d'obstacle. Là se borne son zèle, et il espère mériter ainsi une part dans le royaume des cieux. Il veut réunir, dans une alliance impossible, les douces lois du monde et les chaînes plus lourdes, mais plus solides de la religion ; il veut jouir d'une tranquille paix ici-bas, et croit obtenir la paix éternelle sans travail, sans peine.

Oh! ce n'est point ainsi que se trouve la véritable paix, celle que doit envier l'âme fidèle; c'est une autre croix, dont elle doit aspirer à se charger, qu'elle portera avec courage parce que l'amour divin lui donnera des forces. La souffrance, n'est-ce pas la véritable vie de Jésus-Christ?

Oh! pour toi, âme fidèle, tu y trouveras des douceurs, qui seront un baume précieux, pour guérir tes plaies; ton cœur restera calme au milieu des douleurs les plus grandes, tu penseras à celles que ton divin Maître a endurées pour toi, et tu trouveras ta tâche moins pénible. Alors ton cœur sera tranquille si ta conscience est satisfaite; tu auras en partage la paix céleste que tu souhaites.

———— + ————

Dresde, 31 Mars 1850
Pâques.

Chapitre IV.

————

Comme le fer, mis au feu, perd sa rouille et devient tout étincelant, ainsi celui qui se donne sans réserve à Dieu, se dépouille de sa langueur, et se change en un homme nouveau.

195.

Lorsque l'homme a le courage de se sevrer entièrement de toute affection, et de tout désir mondain, alors son cœur a besoin d'aimer; il ne pourrait vivre ainsi froid et indifférent à tout, détaché des créatures, des biens de la terre; il tourne ses regards vers le bien suprême, vers le céleste Créateur.

Tout à l'heure morne et glacé, il va s'animer et s'embraser au foyer de l'ardent et pur amour.

Âme fidèle, l'amour est exigeant; il demande beaucoup; il veut un sacrifice complet, de chaque instant. Il vous faut dépouiller le vieil homme et marcher résolument dans la vie nouvelle. Oubliez-vous, ne respirez que pour le divin Maître. Suivez-le partout où sa main vous guidera; n'ayez d'autre volonté que la sienne, soyez ferme et courageux à l'accomplir.

Alors l'amour vous dévoilera ses jouissances; alors vous commencerez à vivre d'une vie heureuse, au milieu des vicissitudes des temps fortunés, au milieu des misères de la terre; calme au milieu des orages du monde.

———————+———————

Dresde, 1er Avril 1850.

Chapitre V.

Vous ne serez jamais un homme intérieur et vraiment pieux si vous ne gardez le silence sur ce qui vous est étranger, et si vous ne vous occupez de vous-même.

La considération vigilante et consciencieuse de nos propres misères, devrait-être notre préoccupation de tous les moments. Nous savons bien, chaque jour, nous frapper la poitrine en nous accusant devant Dieu, et disant: « c'est ma faute, ma très grande faute. » Mais que de fois, même en proférant ces paroles d'humilité, ne sommes-nous pas entraînés à nous trouver moins coupable, par la comparaison des faiblesses des autres. Oh! si, nous attachant uniquement à Dieu, si avec l'ardent désir de lui plaire, et de suivre le moins indignement possible les exemples du divin Maître, nous n'avions d'autres pensées que de bien remplir cette tâche, alors le prochain nous importerait peu.

L'homme est faible et sujet à faillir.

Ame fidèle, veillez incessamment sur vous-même; sondez les écueils avec attention; évitez avec précaution les dangers qui vous menacent de tous côtés, marchez prudemment dans l'étroit sentier bordé d'abîmes; croyez le: laissez tout autre soin et songez à vous et à votre bien: il n'en est qu'un pour vous, âme fidèle, votre salut éternel.

Dieu! Dieu!....

Pensez-y bien. Pensez-y toujours........ Pensez à

197.

travailler sans relâche; votre vie y suffira à peine.

———

Dresde, 9 Avril 1850.

Chapitre VI.

———

L'homme voit le visage, mais Dieu voit le cœur.

A quoi servent les mortifications extérieures, les pratiques fréquentes, si tout cela n'est qu'un masque, dont le monde peut être dupe, mais qui ne peut égarer l'œil du Seigneur.

Ame fidèle, vous le savez, cet œil vigilant est toujours ouvert sur vous; il pénètre jusqu'à vos plus intimes pensées; il sonde les plaies les plus cachées; il lit dans le secret de la conscience. Que vous importe le jugement des hommes; est-ce pour le monde que vous travaillez? Est-ce l'homme qui vous donnera votre récompense? Est-ce dans le monde que vous jouirez du bonheur éternel, ou que vous expierez dans des tourments infinis, une existence criminelle?

Votre visage, âme fidèle, doit être le miroir de votre cœur, sur lequel se reflètent ses moindres sensations.

Tour à tour ardent ou glacial, selon les passions à l'empire desquelles vous vous abandonnerez. Il sera doux et calme si votre conscience est en paix. Les hommes sauront sur quoi ils peuvent compter avec vous : ils verront en vous une proie, ou l'antagoniste courageux de toutes leurs tentations.

Soyez avide de cette paix de votre conscience, dans laquelle vous trouverez le vrai bonheur, aucune joie de la terre ne l'équivaudra jamais ; elle seule adoucira pour vous toutes les douleurs.

Dresde, 9 Avril 1850.

Chapitre VII.

Celui qui s'attache à la créature tombera comme elle et avec elle, celui qui s'attache à Jésus sera pour jamais affermi.

L'homme est fragile : abandonné à lui-même, il chancelle et tombe au moindre choc. C'est une barque perdue sur une mer orageuse et perfide : le moindre vent la fait dévier, elle est ballottée de vague en vague, et va enfin s'abîmer dans un gouffre sans fond ou se briser contre les écueils. Ainsi en est-il des affections qui attachent à la créature ; tantôt semblables à un feu ardent, elles brûlent, elles dévorent, et finissent par dessécher le cœur qui s'y livre ; tantôt le souffle de la jalousie se glisse au milieu des plus grandes jouissances. Alors, plus de repos, plus d'illusions : pauvre cœur, tu souffres ; mille sentiments divers te déchirent ; tu luttes, entre deux passions, puis enfin anéanti, froissé, accablé, tu deviens froid, insensible, mort..... Oui, jusqu'à ce que te réveillant de cette léthargie momentanée, tu poursuivras encore insensé, une autre ombre fugitive de ce bonheur après lequel tu courras aussi vainement, tant que tu ne le feras reposer que sur un autre toi-même.

Ame fidèle, n'use pas de telle sorte les années de ton pèlerinage sur cette terre : pour toi, il est un autre amour immense, parce qu'il s'adresse à l'infini ; puissant, parce qu'il t'unira au Dieu fort ; solide, parce qu'il s'appuie sur un fondement inébranlable ; pur, parce qu'il découle de la source divine ; vivifiant, parce qu'il s'attache au principe de la vie ; calme, parce qu'il te liera à Celui qui est la paix du cœur. Enfin il sera ardent aussi, parce que tu le puiseras dans le cœur de Jésus éternellement embrasé !.....

Ame fidèle, pourrais-tu hésiter !......

Longpont, 16 Juin 1850.

Chapitre VIII.

Le Maître est là ; il vous appelle !

Ame fidèle l'entends-tu ? Ton Bien Aimé vient

te visiter ; il t'ouvre les bras ; il t'offre une place dans son divin cœur.

Le Maître, le bon Maître, le doux Maître, il a jeté un regard sur la bassesse de sa servante ; il daigne abaisser sa grandeur jusqu'à son néant... Il approche, il est là, il n'a pu t'attendre : son amour a été au devant du tien. Écoute sa voix si tendre : sens endormez vous, faites silence, le Bien-Aimé va parler..... Cœur, battez bien fort, et cependant demeurez muet, car prenez garde de perdre une seule de ses précieuses paroles.

En quoi ! le Seigneur n'a pas attendu vos instances, il ne vous a pas laissé soupirer plus longtemps après lui ? C'est lui qui vient à vous, sans votre demande ; c'est lui même qui vous appelle à lui. Ô le meilleur des pères, ô le meilleur des amis, ô le plus fidèle des époux !

Âme fidèle, tressaillez d'allégresse : abandonnez-vous toute entière à cet immense bonheur ; jouissez-en, sans réserve, dans la solitude où vous saurez vous retirer.

Laissez votre cœur s'épancher dans le cœur de Jésus : ne lui cachez rien ; dites-lui vos joies et vos peines : il s'y associera comme un autre vous même.

Vivez tout en Jésus, et pour Jésus !.... n'agissez que pour lui et avec lui ; fermez l'oreille au bruit du monde, et n'écoutez plus que la voix qui se fait entendre au milieu du silence des créatures.

Venez, il vous appelle.

———— + ————

Longpont, 18 Juin 1850.

Chapitre IX.

————

Vous avez détourné de moi votre face, et j'ai été remplie de trouble.

Ame fidèle, te voilà donc abandonnée à toi-même, le Bien-Aimé s'est retiré : la triste solitude a remplacé la joie de l'union.

Tu exhales en soupirs la peine dont souffre ton cœur, tu appelles en vain, et déjà la crainte et un vague effroi s'emparent de toi. Ah ! c'est que tu n'as de force que par Celui qui est inébranlable ; tu ne jouis du parfait repos qu'en la possession de Celui qui est la seule véritable paix. Et maintenant, tu éprouves ta faiblesse ; tu trembles en sentant venir la tentation, en voyant s'approcher ton ennemi. Alors tu cries ! Du fond de l'abîme de ta misère tu tournes les yeux vers la place où tout à l'heure encore, reposait le divin Maître ; mais tu ne l'aperçois plus : il a détourné son visage ! tu vois approcher l'orage, et tu n'as plus ton abri tutélaire.

Seigneur, écoutez ma prière, et que mes cris montent jusqu'à vous !!

Ame fidèle, repose toi en celui qui, d'en haut, veille sur toi; la tentation est forte, mais tu as élevé ta voix vers ton divin soutien et il t'a exaucée : souffre et la consolation ne se fera pas attendre.

————— + —————

Longpont, 19 Juin 1850.

Chapitre X.

———

Soyez donc reconnaissant des moindres grâces et vous mériterez d'en recevoir de plus grandes.

Ame fidèle si tu connaissais bien ton indignité; si tu sondais la profondeur de ta bassesse, tu t'humilierais devant les faveurs dont Dieu daigne quelquefois, trop souvent même, te combler; et sa miséricorde devrait être seule espérée par toi.

Marie! notre mère pleine de grâces, et bénie entre toutes les femmes, était par son humilité même, plus à la hauteur du suprême bonheur qui lui a été accordé; pleine de grâces, elle se croyait au-dessous de la plus minime; bénie entre toutes les femmes, elle s'en jugeait la moins digne.

Jamais, tu ne pourras assez glorifier ton Sauveur, âme fidèle, lorsqu'il laissera tomber jusqu'à toi un des bienfaits que dispense sa main paternelle sur ses créatures. Ta gratitude immense lui est due et ton cœur trouvera sa satisfaction à la lui témoigner. Vois ton néant, et la bonté de Dieu considère tes œuvres et la mansuétude sans bornes de Dieu, et chante avec Marie; « Mon âme glorifie le Seigneur. » Sois humble; choisis la dernière place. Les yeux du Bien Aimé sauront te découvrir, et trouver aussi tes mérites cachés. La récompense alors ne se fera pas attendre, et elle sera au-dessous de tes espérances. La miséricorde du Seigneur est plus grande que les fautes des hommes.

Longpont, 20 Juin 1850.

Chapitre XI.

Plusieurs aiment Jésus pendant qu'il ne leur arrive aucune adversité.

Est-ce donc ainsi que le Sauveur du monde lui a témoigné son amour? at-il donc reculé devant le sacrifice? sacrifice que l'amour seul lui avait inspiré. Qui aime Jésus, doit suivre Jésus, en tout lieu, sur le Thabor et sur le Calvaire.

Il est facile de chanter les gloires du Seigneur et de lui rendre grâces alors que tout vous réussit, et vous sourit au gré de vos désirs humains; mais il n'en est guère qui au milieu des angoisses de la maladie, des souffrances de la misère, trouvent dans leur cœur pieux assez de force et d'amour divin pour glorifier et bénir la main qui les frappe.

Âme fidèle, toi seule, tu sais aimer ton Dieu dans

les croix et dans les larmes, plus douces souvent pourtoi que les satisfactions que t'offre le commerce du monde. Toi seule, tu trouves un vrai bonheur à souffrir pour Jésus avec Jésus. Toi seule, tu sais recevoir, avec la même reconnaissance, les biens et les maux qu'il lui plait de t'accorder. Toi seule, tu puises dans le cœur de Jésus un amour assez profond et assez ardent pour s'élever au-dessus de toutes les adversités et de toutes les peines de cette vie.

Longpont, 21 Juin 1850.

Chapitre XII.

C'est de la croix que découlent les suavités célestes.

Combien peu y en a-t-il, cependant qui veulent aller s'abreuver à cette source ! Combien sont incrédules à cette assurance : le bonheur que la religion leur montre dans la ferme persévérance à porter sa croix ! Oh ! cette croix divine, qui n'était qu'un infâme gibet, et qui est devenue le sceptre du monde sous lequel se soumettent les nations, en courbent leur front les rois de la terre. N'est-ce pas de la croix que s'est répandu le sang divin et régénérateur, qui a lavé le genre humain de la souillure du péché.

Ame fidèle, va te désaltérer à cette fontaine de grâces, va t'enivrer de ce breuvage vivifiant ; pour toi, il aura des saveurs délectables.

Ton Bien-Aimé a porté cette croix; ployé sous le faix, il a trouvé dans son amour pour de si grands coupables la force d'arriver au but que son infinie miséricorde lui avait marqué. Et maintenant pour toi, âme fidèle, cette croix n'est-elle pas devenue le joyau le plus précieux, celui dont tu te pares avec plus de joie?

Courage! si d'abord le fardeau te paraît lourd, la pensée de ton Sauveur, montant pour toi au Calvaire, doit doubler tes forces; et puis, repose-toi sur la croix: c'est un appui qui ne faiblira pas sous toi; il est inébranlable: il est dans le cœur de Jésus. Si tu souffres, viens vers la croix, et comme Marie laisse tomber tes pleurs: une larme versée aux pieds de Jésus, est plus douce mille fois que toutes les consolations du monde. Pense que, du haut de cette croix sainte, ton Bien-Aimé jette sur sa servante, un regard de miséricorde et d'amour, un de ces regards qui pénètrent et embrasent le cœur, un de ces regards d'où se répandent des torrents de délices qui vivifient.

Âme fidèle, que la croix soit ta compagne inséparable, dis-lui ces paroles: O croix! mon unique espérance, soyez ma force et mon soutien; je m'abandonne à vous pour jamais.

Livre III.

Longpont, 22 Juin 1850.

Chapitre I.

Heureux ceux dont la joie est de s'occuper de Dieu, et qui se dégagent de tous les embarras du siècle.

C'est alors pour eux que commencent les vraies jouissances de la vie, c'est alors qu'ils apprennent à connaître le bonheur réel, et à le discerner d'avec celui que le monde peut leur donner. Dieu nous offre une paix assurée et des délices ineffables, et cependant, il faut presque toujours du courage pour se donner à lui sans réserve ; ou plutôt pour abandonner le monde sans retour. Mais qu'ils en sont récompensés ensuite : s'ils ont fait un sacrifice, ils en sont payés avec usure. Il vient à eux, le Sauveur adorable, et dans la retraite, il fait entendre sa voix à ses serviteurs. Oh ! qui a goûté une fois à ce céleste entretien n'a plus l'oreille aux bruits des créatures.

Ame fidèle, la voix de ton Bien-Aimé, est pour toi le son le plus harmonieux, qui fait vibrer toutes les cordes de ton être, et retentit jusqu'au plus profond de ton cœur. Tout à ton Dieu, à ton côté le monde passe ; et de ses cris, de ses mugissements à peine si un vague murmure arrive jusqu'à toi.

Réjouis-toi tu as choisi la meilleure part.

207.

Longpont, 23 Juin 1850.

Chapitre II.

———

Leur témoignage est sublime, mais si vous vous taisez, il n'échauffe pas le cœur.

Qu'est-ce que la parole des hommes, auprès de la parole de Dieu ? Qu'est-ce que la voix des créatures auprès de la voix du divin Maître ! Les enseignements du prêtre, du haut de la chaire de vérité, sont toujours bons et inspirés par le sentiment le plus religieux, et pourtant ils ne vaudront autant qu'un entretien de Jésus avec l'âme fidèle. Jamais leurs semences ne rapporteront une moisson aussi abondante, des fruits aussi onctueux. Les sermons des grands orateurs sacrés parlent à l'intelligence, à la raison ; tant que Jésus n'aura pas fait entendre à l'âme fidèle, sa muette et irrésistible éloquence, elle ne sera pas touchée ni convaincue. La voix de Jésus pénètre le cœur et le persuade ; d'un sol ingrat, Jésus fait une terre fertile, où sa parole germe, et produit incessamment.

Les bons discours des hommes ne sont rien pour toi, âme fidèle ; ils te laisseront insensible et dans les ténèbres ; mais lorsque prosternée devant le Tabernacle, où repose ton Bien-Aimé, tu entends sa douce voix, alors le bandeau tombe ; tes yeux s'ouvrent, et ton cœur est ému.

——————— ✦ ———————

Longpont, 26 Juin 1850.

Chapitre III.

Qui me sert et m'obéit en toutes choses, avec autant
de soin qu'on sert le monde et les maîtres du monde ?

Il n'est que trop vrai, les serviteurs du monde se créent
de faux devoirs, et se font un devoir de les remplir ; ils s'impo-
sent des obligations auxquelles ils se croiraient coupables de
se soustraire. Et pourquoi ! c'est qu'ils n'agissent presque que
jamais que par respect humain ; ils se disent que le monde a
toujours les yeux ouverts sur eux. Tantôt ils le considèrent
comme un juge impitoyable, lorsqu'on ne se soumet pas à
son empire ; tantôt ils le regardent presque comme une
divinité à laquelle ils sacrifient sans crainte et sans remords. Dieu est sans cesse présent ; son œil plane du haut
des cieux, sur toutes ses créatures ; mais nul ne le voit,
aussi la multitude le redoute moins que le monde. Les impies
oublient leur Créateur, et ne songent qu'à satisfaire leurs
passions. Les lâches et les tièdes ont une présomptueuse confiance dans l'infinie miséricorde de Celui qu'ils offensent
chaque jour. Ils comptent que Dieu a des pardons pour tous
les crimes et ils ne pensent pas que peut-être va sonner
l'heure du dernier répit pour leur repentir trop tardif.

Toi seule, âme fidèle, tu ne reconnais qu'un seul Maître,

celui au service duquel tu te voues à jamais par reconnaissance et par gratitude.

----+----

Longpont, 27 Juin 1850.

Chapitre IV.

Aimez par-dessus tout, l'éternelle vérité, et n'ayez jamais que du mépris pour votre extrême bassesse.

Si l'homme considérait son néant, s'il reportait souvent sa pensée au solennel instant où le Tout-Puissant prit un peu de terre, la pétrit et lui donna cette figure, dont l'homme s'enorgueillit tant, combien devrait-il se paraître peu de chose à lui-même, et combien devrait-il s'humilier sans cesse devant son Créateur !

Ame fidèle, pénètre-toi bien de la grandeur de ton Dieu et de sa puissance ; élève tes regards vers ce trône que jamais n'ébranleront, ni les ouragans de l'atmosphère, ni les tempêtes du monde, ni les efforts des criminels insensés.

Et maintenant, jette les yeux sur la terre et sur l'humanité qui y fourmille ; vois les orages qui la dévastent, les plaies secrètes dont elle est couverte ; vois les hommes naître, grandir, s'élever parfois bien haut parmi leurs frères, puis bons et mauvais, être fauchés par l'impitoyable mort. Regarde-toi, enfin, toi-même, toi si frêle et que le moindre souffle peut renverser. Ah ! courbe ton front dans cette poussière dont tu es formée et ne cherche d'autre appui qu'en Celui qui envoie l'épreuve à ses fidèles serviteurs, mais aussi la force pour y résister.

———+———

Longpont, 28 Juin 1850.

Chapitre V.

———

C'est quelque chose de grand que l'amour, et un bien au-dessus de tous les biens : seul il rend léger ce qui est pesant, et fait qu'on supporte avec une âme égale toutes les vicissitudes de la vie.

Qu'il est heureux celui qui comprend et sent profondément tout ce que renferme le véritable amour : cet amour divin qui élève et purifie le cœur, en le détachant des créatures pour l'unir d'une union spirituelle avec le Souverain Maître ! Quel bonheur sur la terre peut approcher de ces délices sans fin, qui sont le partage de l'âme fidèle, unie à son divin Bien-Aimé ? Quels trésors peuvent égaler ceux que contient le cœur de Jésus, et dont il donne la jouissance sans mesure à l'âme fidèle ? L'amour divin est un soutien puissant dans les peines et les tribulations inséparables de la vie ; il sait y découvrir des joies cachées et la croix devient pour lui une source intarissable de grâces et de bonheur. Rien ne saurait coûter au véritable amour ; il franchit tous les obstacles ; il résiste à tous les assauts ; il se complaît dans les souffrances ; il se glorifie dans les mépris; sa résignation est immense, sans bornes est sa puissance pour s'unir à Celui qui l'aime.

Longpont, 1er Juillet 1850.

Chapitre VI.

Celui qui aime fortement demeure ferme dans la tentation, et ne cède point aux suggestions artificieuses de l'ennemi : dans le bon comme dans le mauvais succès son cœur est également à moi.

N'serait-ce donc qu'au milieu des joies de la vie, qu'au milieu des bonheurs et des bénédictions, qu'il plairait au Seigneur de nous accorder, que nous devrions ressentir et lui exprimer notre amour ?

Combien serait-il faible cet amour et combien Dieu devrait-il le mépriser ? Ce serait, alors, comme ces faux amis du monde qui s'éclipsent quand le malheur accable ceux à qui, tout à l'heure encore, ils protestaient de leur affection. Ce n'est pas ainsi que l'on doit aimer Jésus ! lui qui a versé son sang précieux, et donné sa vie pour nous dans le sacrifice le plus sublime du plus immense amour. Ce n'est pas ainsi qu'on doit lui prouver ce que de vagues paroles lui répètent sans cesse.

L'amour véritable et divin, est toute autre chose : il embrase le cœur, et pourtant ne le dévore pas; il parle haut, mais dans le silence des sens et des créatures.

L'âme fidèle, reçoit-elle une grâce nouvelle de son Bien-Aimé, elle sent profondément sa reconnaissance, mais la lui exprime avec calme, et plutôt par ses actions que par ses transports. Au contraire, est-elle éprouvée par des tribulations, au milieu des orages même, elle conserve son calme, se courbant sous la main qui la frappe ; mais ne succombant pas, et trouvant une satisfaction pour son amour, dans les souffrances que son Bien-Aimé lui impose.

Longpont, 2 Juillet 1850.

Chapitre VII.

Il vaut mieux être humble avec un esprit et des lumières bornés, que de posséder des trésors de science, et de se complaire en soi-même.

Notre-Seigneur n'a-t-il pas dit : « Bienheureux les pauvres d'esprit. »

Bienheureux ceux qui ont une foi vive plutôt qu'une altière raison.

Bienheureux ceux qui savent aimer et croire en aveugle la parole du divin Maître.

Il est difficile à l'homme d'être humble dans l'acception vraiment chrétienne de ce mot ; dans les humiliations même, il se recherche encore et s'enorgueillit de sa résignation.

Une âme réellement persuadée de son néant et de sa bassesse

devant Dieu, suivrait l'exemple sublime de la sainte Vierge, notre mère, et au milieu de la plus grande gloire chercherait à se dérober aux hommes en se reconnaissant indigne de la moindre des grâces.

Jésus a choisi ses apôtres parmi les plus pauvres et les intelligences les moins développées; mais ils avaient foi en lui, et pour le suivre ils avaient dû tout quitter.

Et combien de fois le divin Maître n'attaqua-t-il pas les pharisiens orgueilleux, qui vantaient sans cesse les lumières de leur esprit et leur science profonde, et qui cependant, aux yeux du Seigneur, n'étaient que des sépulcres blanchis?

Âme fidèle, suis plutôt l'exemple de ce publicain, qui, se tenant à l'écart dans le temple, n'osait lever les yeux et disait seulement: «O Dieu faites-moi miséricorde, car je suis un pécheur.» Humilie-toi comme celui qui t'apprend à être doux et humble de cœur; abaisse-toi, et le Seigneur saura découvrir en toi ce qui lui plaît.

Longpont, 3 Juillet 1850.

Chapitre VIII.

Je me suis perdu en m'aimant d'un amour déréglé…

En n'aimant que vous, je vous ai trouvé, et je me suis retrouvé moi-même, et l'amour me fait rentrer plus avant dans mon néant.

Qu'est donc l'homme pour se rechercher ainsi lui-même et

ne rapporter tout qu'à lui. Il n'est cependant qu'un peu de poussière, qui reviendra poussière, et que le vent des vicissitudes soulève et disperse à travers les espaces de la création.

Et pourtant, c'est son être seul que l'homme aime par-dessus toute chose; c'est lui-même qu'il encense constamment, et dont il se fait presque une idole. Alors en sacrifiant à ses goûts, à ses désirs, à ses penchants, sans cesse, il offense un Dieu infiniment bon, mais un Dieu jaloux, jaloux de l'amour des hommes, pour lesquels il a donné son sang et sa vie.

L'âme fidèle n'agit point de cette sorte; elle oublie la terre et les créatures, et ce qui est plus encore, elle s'oublie elle-même. Ses regards se détachent des objets extérieurs, et ne voient plus que Dieu seul; son cœur demeure froid aux impressions de ce monde, il ne bat plus que pour Dieu et ses œuvres; elle comprend sa misère et son néant, et cependant la grandeur et la majesté suprême ne l'effraient pas, parce qu'elle aime son divin Maître d'un amour qui la purifie et l'élève.

Longpont, 4 Juillet 1850.

Chapitre IX.

Mon fils, je dois être votre fin suprême et dernière, si véritablement vous désirez être heureux.

Où chercher le bonheur ici-bas ? Toutes les choses de la terre sont périssables, toutes les œuvres des créatures n'ont qu'un temps.

L'homme lui-même, ce roi de la nature, doit mourir, puisqu'il a attiré sur sa tête l'irrévocable arrêt ; et souvent, bien souvent, ses affections ne durent même pas autant que sa vie. L'homme, et tout ce qui tient à lui, est inconstant et fragile. Dieu seul est inébranlable, Dieu qui nous a créés, qui nous a donné cet admirable univers pour séjour et qui nous a dispensé prodigieusement tant de grâces. Où donc trouver le bonheur, âme fidèle ? Tu le sais, n'est-ce pas, dans le service du divin Maître ; service que la reconnaissance t'impose, et que l'amour te rend si doux ; service que tu désires et que tu recherches ; service d'abnégation et de résignation, mais où tu trouves des trésors, au milieu de la misère ; des joies, au milieu de la douleur, des consolations inépuisables pour toutes tes peines. Dieu et la possession unique et éternelle de Dieu, voilà le but de l'âme fidèle : rien ne lui coûte pour y parvenir.

Du pied de la croix où Jésus mourut pour elle, ses yeux élevés vers le ciel aperçoivent le divin Sauveur qui lui tend les bras. Oh ! peut-il encore y avoir des obstacles que son amour ne saurait franchir. O ! mon amour ! souffrir et être méprisé : voilà le bonheur.

Longpont, 5 Juillet 1850

Chapitre X.

Que vous rendrai-je pour une telle faveur ? car il n'est pas donné à tous de tout quitter, de renoncer au siècle, pour embrasser la vie religieuse.

Quelle grâce immense pour l'âme fidèle, lorsque Jésus l'appelle encore plus près de lui, quand il se l'attache par les liens les plus étroits ; aussi combien ne doit-elle pas surabonder de joie et de quel amour entonne-t-elle le cantique de reconnaissance ? Mais si l'âme fidèle éprouve un tel bonheur, que doit donc être la gratitude de cette âme coupable qui, les yeux couverts du bandeau de l'incrédulité, l'esprit égaré par une insidieuse philosophie, le cœur rongé par l'orgueil, avait été se précipiter dans le gouffre de l'erreur et de l'impiété ; et qui sans avoir crié vers son Dieu, sans avoir reconnu son crime et en avoir imploré le pardon, tout-à-coup se sent soulevée, sans un seul effort de sa part, par une puissance irrésistible ; qui voit tomber une à une, les écailles qui aveuglaient ses yeux, et aperçoit enfin l'aurore d'un nouveau jour, d'une vie nouvelle, vers laquelle la guide une main protectrice.

Et quelle vie ! celle des élus du Seigneur, où sans cesse il daigne se manifester à ses serviteurs et les faire jouir, dans l'accomplissement de leurs religieux devoirs, des prémices d'un bonheur éternel, promis comme récompense à leur zèle et à leur amour.

Seigneur, Seigneur que vous rendrai-je pour une telle faveur !!...

Longpont, 6 Juillet 1850.

Chapitre XI.

Vous devez soumettre entièrement vos désirs à ma

volonté; ne point vous aimer vous-même, et ne rechercher en tout que ce qui me plait.

Est-il pour l'âme fidèle une loi plus douce que la parfaite conformité de sa volonté à celle du divin Maître ? peut-il, pour elle, y avoir un autre but à ses actions que de plaire à son Bien-Aimé ?

L'âme fidèle et vraiment humble, ne saurait désirer autre chose sur la terre que l'accomplissement des desseins de Dieu, quels qu'ils soient; si sa foi et son espérance sont profondes, elle doit vivre dans une entière quiétude de sa destinée et une complète résignation à toutes les diverses formes sous lesquelles peut se montrer la volonté divine. Jésus ne lui défend pas de désirer et de demander; au contraire, il engage lui-même ses disciples à ne pas craindre de l'importuner et à frapper sans relâche à la porte pour qu'on leur ouvre; mais l'avidité et les souhaits impatients, il les condamne, et l'âme fidèle doit toujours travailler à se modérer dans ses désirs. Si réellement, elle ne veut agir que pour la plus grande gloire du Seigneur, alors, elle sera plus calme attendant tranquillement de connaître la volonté de Dieu, qui tôt ou tard se manifeste aux plus aveugles; et ainsi, elle s'humiliera, et sera plus certaine de ne point s'égarer.

⁂

Longpont, 8 Juillet 1850.

Chapitre XII.

Croyez au contraire avoir trouvé la paix lorsque

vous serez exercé par beaucoup de tribulations et éprouvé par beaucoup de travers es !

Quelle étonnante parole pour l'homme qui est toujours entraîné à chercher le bonheur dans les jouissances de la vie et la complète absence de tout souci ; comme si sur la terre, il pouvait y avoir une seule position pour l'homme, où il trouve un abri contre les vicissitudes, qui sont notre partage, depuis la chûte du premier homme.

Nulle part, dans quelque carrière, dans quelque position que l'on soit, au faîte des grandeurs du monde, comme sur l'échelon le plus bas et le plus infime de la grande société humaine, nulle part on ne peut-être exempt des épreuves qui ne sont que la juste expiation du péché : expiation qui est le seul moyen de rentrer en grâce près du Tout-Puissant.

Mais diront les hommes du siècle : « Où donc est le bonheur sur la terre ? » L'âme fidèle sait le trouver ; elle s'est rappelé cette parole de son Bien-Aimé : « Soyez parfait comme votre Père céleste est parfait. »

L'étude de sa vie entière, tant qu'elle est enveloppée dans une prison mortelle, est de travailler à parvenir à cette imitation du divin modèle, qui nous a donné, au milieu des tourments et des supplices, le plus sublime exemple de la patience et de la résignation.

Ainsi l'âme fidèle est tranquille et soumise au milieu des douleurs et des tribulations, et se réjouit même dans la pensée de souffrir comme Jésus-Christ et en union avec lui.

Lizy, 15 Juillet 1850.

Chapitre XIII.

Poussière, apprends à obéir, apprends à t'humilier terre et limon, à t'abaisser sous les pieds de tout le monde.

Pense, âme fidèle, que ton Bien-Aimé s'est rendu obéissant jusqu'à la mort de la croix, et que Marie, sa sainte Mère, a préféré paraître souiller, aux yeux des hommes, sa robe si pure, plutôt que de ne pas se soumettre à une loi qui était faite pour les autres femmes. L'homme n'est-il donc pas le serviteur du Seigneur ? ne doit-il pas se soumettre en tout au divin Maître ? et maintenant, que la terre est privée de sa présence, ne faut-il pas obéir à ceux qui tiennent sa place, pour conduire les nations ou les familles, pour diriger l'âme ou le corps !

Mais, c'est que pour obéir à ses semblables il faut être humble de cœur et d'esprit, se croire au-dessous de tous, et être capable de se choisir la dernière place par la conscience que l'on a de son néant. Ce n'est pas ainsi que l'homme agit en général. L'orgueil perdit le genre humain ; et c'est encore l'orgueil qui rend le caractère entier et souvent indomptable : on a grande opinion de soi-même et de ses propres mérites et l'on aime à ne se conduire que par sa propre volonté.

La religion, sa pratique fervente, peut seule dompter cet orgueil subtil et intraitable, et la véritable piété rend doux et humbles de cœur ceux qui résistaient à la morale des hommes.

Lizy, 16 Juillet 1850.

Chapitre XIV.

————

Les étoiles sont tombées du ciel ; moi, poussière que dois-je donc attendre ?

La chute, la chute la plus effrayante, la plus terrible ! et il en sera ainsi tant que l'homme s'appuiera sur lui-même et sur son propre jugement. Que de frappants exemples se passent chaque jour sous nos yeux ; et cependant, combien peu en savons-nous profiter. L'orgueil, c'est toujours l'orgueil qui perd les hommes : ils se croient inébranlables et invincibles parce qu'ils pratiquent un peu mieux, peut-être, la religion ; mais ils ne s'aperçoivent pas qu'ils oublient un des premiers et des plus importants préceptes ; ils oublient l'humilité qui, à elle seule, plaît plus à Dieu que les grandes preuves de force ; ils oublient leur faiblesse et que Dieu seul peut les soutenir.

« Quiconque s'élève sera abaissé » et c'est ainsi qu'il fut fait à l'homme coupable.

Âme fidèle, toi qui connais ton néant, considère ces châtiments soudains que le Tout-Puissant inflige à l'orgueil. Sois vigilante, car ce vice est un poison subtil : il s'infiltre dans le cœur qui semble le mieux prémuni contre ses effets, et la corruption et la mort suivent bientôt.

Garde-toi de la moindre satisfaction propre ; rapporte tout à Dieu ; repose-toi en lui seul, et tu gagneras le port.

221.

Lizy, 17 Juillet 1850.

Chapitre XV.

———

Tout désir n'est pas de l'Esprit-Saint, même lorsqu'il paraît bon et juste à l'homme.

C'est encore l'orgueil, cet orgueil insaisissable, et si puissant sur le cœur de l'homme, qui l'égare sur l'appréciation vraie des sentiments qu'il éprouve.

C'est l'orgueil qui se cache, sous mille formes différentes, et ose même voiler sa perfidie sous les dehors de la piété; plus encore, car jusque dans l'humilité, il sait se cacher, et tromper ainsi ceux qui ne sont pas clairvoyants.

Que faire alors ? Prier sans relâche la divine lumière de nous éclairer comme un phare, qui nous guidera dans la navigation de cette mer orageuse qui s'appelle le monde, et qui dissipera les ténèbres qui trop souvent cachent des écueils, au milieu desquels s'égarent et vont se perdre les esprits si confiants en leurs propres lumières.

La religion fervente, et calme pourtant, est la meilleure, et le plus sûr pilote pour l'âme fidèle, parce qu'elle la pénètre de son néant et l'attachant à Dieu, lui donne l'appui et le guide qui ne la tromperont jamais, en soumettant ses désirs et ses pensées à son divin Bien-Aimé, en ne faisant jamais d'autre souhait que d'accomplir en toute chose son bon plaisir, elle peut être sûre que le Seigneur la conduira par la voie droite au royaume des cieux.

Lizy, 23 Juillet 1850.

Chapitre XVI.

***

Toute consolation humaine est vide et dure peu.

Ame fidèle, ce n'est pas au milieu des hommes et des jouissances qu'ils savent offrir que tu trouveras une paix consolante.

L'homme est mortel; comme aussi tout ce qui provient de lui ou tient à lui ne dure qu'un temps.

Les choses de la terre sont fragiles: malheur à celui qui ne s'appuie que sur elles; car souvent au moment même où il aurait besoin de les sentir plus fermes, elles viennent à manquer sous lui, et ne l'entraînent que trop fréquemment dans leur chute. D'ailleurs tu le sais, n'est-ce pas? âme fidèle, notre Sauveur en se sacrifiant pour nous, et en nous promettant un bonheur éternel, nous a aussi montré le chemin, pour y parvenir. Il nous l'a montré, ployé sous le fardeau de la croix, et le marquant de son sang.

C'est donc une voie d'épreuves que nous devons nous attacher à suivre et ce n'est pas dans la complète satisfaction de tous nos désirs et dans l'entière possession de tous les biens de ce bas monde que nous arriverons au but divin. Aussi pour toi, âme fidèle, tu ne dois aspirer qu'aux biens éternels, ne t'abandonner jamais aux séductions des hommes, vivre, même au milieu des richesses, comme à la veille d'en être privée, pauvre d'esprit aux yeux du monde, mais possédant un trésor d'humilité et un amour immense pour ton Sauveur qui te sera une source inépuisable de consolations.

—✦—

Lizy, 26 Juillet 1850.

Chapitre XVII.

—

Il faut que vous soyez préparé à la souffrance, autant qu'à la joie, au dénûment et à la pauvreté, autant qu'aux richesses et à l'abondance.

Telle est la véritable résignation chrétienne, le véritable renoncement à soi-même, la loi à laquelle, peut-être, il est le plus difficile de se soumettre. Quoi pourtant de plus doux que le complet abandon entre les mains de Celui qui ne veut jamais que notre bien ? Mais plus cette maxime évangélique est belle et importante à suivre pour le salut, plus la pratique entière et sincère en est rare.

Le philosophe payen prêchait aussi cette morale à ses disciples, et leur en donnait l'exemple, par amour-propre, et pour paraître au-dessus des faiblesses humaines. Maintenant il est triste de penser que les chrétiens ont plus de peine à suivre ces mêmes préceptes, parce que pour le faire avec une pure et droite intention, ils devraient être humbles au fond de leur cœur, et se juger déjà trop indignes de la moindre pensée et volonté divine, pour oser encore se croire permis de se gouverner eux-mêmes, et de s'arranger un existence selon leurs besoins et leurs désirs.

C'est maintenant cette pensée constante de soi qui empêche l'homme de s'abandonner tout entier à la Providence. L'âme fidèle qui, détachée d'elle-même, des autres créatures et de toutes choses sur la terre, tourne incessamment ses regards vers un unique but, Dieu, peut seule y parvenir.

Lizy, 27 Juillet 1850.

Chapitre XVIII.

Mon fils, je suis descendu du Ciel afin de vous former par mon exemple à la patience et de vous apprendre à supporter les maux de cette vie sans murmures.

Quel sublime modèle de résignation pour l'âme fidèle, que la vie de notre divin Sauveur, depuis sa naissance jusqu'à sa mort sur la croix ! Que de soumission à la volonté de son père céleste, au milieu même de cette lutte suprême, entre la faiblesse de la chair et la charité immense qui animait le cœur du Sauveur !

Jésus-Christ, a voulu souffrir aussi violemment qu'il peut l'être imposé à la nature humaine ; il a voulu passer par toutes les angoisses les plus cruelles de l'agonie morale et de l'agonie physique. Et pour qui le faisait-il ? Pour des hommes coupables qui l'avaient si grièvement offensé.

Que pouvons-nous lui donner en échange de tant de douleurs et d'un tel supplice ? Nous pouvons seulement, chercher à marcher sur ses divines traces, et lui offrir ensuite humblement nos efforts pour le bien, notre résignation dans les peines et les épreuves de cette vie.

Comment avoir le timide et lâche courage de se plaindre quand on considère son Dieu mourant pour soi au milieu des souffrances ? Pensons au Calvaire, et nos maux nous paraîtront moins douloureux ; et plus l'amour et la gratitude pour le divin sacrifice rempliront notre cœur, plus nous trouverons nos peines légères, plus nous nous réjouirons dans les douleurs qui seront notre partage.

———+———

Lizy, 1er Août 1850.

Chapitre XIX.

Si vous désirez la couronne, combattez courageusement, souffrez avec patience.

Est-il possible que l'homme se plaigne de souffrir, en considérant la croix, cet infâme instrument de supplice, sur laquelle notre Sauveur est mort pour lui, en pensant aux tortures de la passion divine et aux martyres des fidèles confesseurs de la croix ? Hélas ! il n'est plus ce temps, où de courageux chrétiens recevaient les épreuves comme un bienfait, enduraient les douleurs avec joie et regardaient la mort la plus cruelle comme une couronne de gloire.

Ame fidèle, ranime-toi donc au feu de l'amour divin,

embrase-toi d'une ardeur nouvelle, marche au-devant de la souffrance, étreins la croix avec ferveur. Tu le sais, il faut passer par le Calvaire pour arriver au Thabor. La vie est un pélerinage, le monde est une arène où il faut toujours lutter pour remporter le prix. Ce n'est pas par des paroles que nous pouvons prouver notre amour au Sauveur, c'est en cherchant à faire, autant que possible, pour lui, ce qu'il a fait pour nous ; c'est en étant toujours prêts à lui sacrifier notre vie, et en nous complaisant dans les maux que sa main nous dispense paternellement et qui sont des roses, en comparaison de ceux que sa charité sublime lui a fait endurer pour nous.

Lizy, 2 Août 1850.

Chapitre XX.

Souvent un rien m'abat et me jette dans la tristesse.

Il n'en est pas ainsi de l'âme fidèle qui humblement reconnaît sa faiblesse et puise toute sa force dans Celui qui est plus inébranlable que tout ce qui a été créé.

Pourquoi s'émouvoir au moindre souci ? pourquoi se décourager au moindre obstacle ? Non, celui qui met toute sa confiance en Jésus doit ne rien craindre, et demeurer en paix avec les autres et avec lui-même, c'est-à-dire qu'il doit résister aux suggestions de l'ange du mal, qui, sous la forme de vaines craintes, cherche à mettre du trouble en son esprit.

Âme fidèle, sache-le bien ; avec l'épreuve le Seigneur envoie la force pour la supporter ; unie à la croix, tu es à l'abri des coups de l'ennemi de ton salut. Cette croix divine est l'étoile polaire qui, si tu ne la perds pas de vue, guidera ta navigation ; avec son appui le souffle des tempêtes du monde ne saura t'ébranler ; tu demeureras calme au milieu des orages. La sainte espérance te soutiendra toujours, et alors même que des vicissitudes pénibles viendront assombrir quelques instants de ton existence, alors les yeux élevés vers Celui qui jamais n'est imploré en vain, tu apercevras déjà l'aube du jour de l'éternité ; jour éclatant et sans nuages pour toi, âme fidèle.

—✝—

Lizy, 3 Août 1850.

Chapitre XXI.

En tout, et par-dessus tout, repose-toi en Dieu, ô mon âme, parce qu'il est le repos éternel des Saints.

Que sont toutes les choses de ce bas monde, toutes les affections de cette terre ? Toujours une source d'inquiétude, de tourments, qui trop souvent font de la vie un véritable supplice. Rien n'est stable ici-bas : la fortune la mieux assise à nos yeux, est ébranlée par le moindre souffle de ce qu'on appelle le sort. À peine l'ambitieux se croit-il parvenu au faîte des grandeurs, déjà son étoile pâlit, et un caprice du destin le précipite au dernier degré de l'échelle.

On met son orgueil et son bonheur dans ces amours légitimes qui attachent le père à son enfant, la femme à son mari, la fille à sa mère ; et une Providence sévère apporte le trouble dans les familles ; les chagrins, les souffrances et la mort impitoyable brisent les liens formés par Dieu même.

Où donc trouver un port pour te réfugier, âme fidèle, pendant ces tempêtes de la vie qui te déchirent le cœur et lui livrent de continuels assauts ? Ah ! jette-toi dans les bras paternels qu'un Dieu bon te tend du haut des cieux ; pleure avec lui : tes larmes seront douces au lieu d'être amères. Aime-le par-dessus toute chose, et il compensera les pertes que tu auras faites de tes plus chères affections.

Et puis, lorsque l'éternel sommeil sera prêt à clore ta paupière, tu t'endormiras doucement, sans regret, pleine d'espoir pour la vie nouvelle.

———— + ————

Montchevreuil, 27 Août 1850.

Chapitre XXII.

Je suis au-dessous de tous les biens que vous m'avez accordés ; et quand je considère votre élévation infinie, mon esprit s'abîme dans votre grandeur.

Que suis-je donc, ô mon Dieu, pour que vous me combliez ainsi de vos faveurs, pourque vous ayez donné votre sang pour me sauver, et que maintenant vous me nourrissiez ainsi de votre chair divine ? Devant votre majesté suprême est-il possible que mon néant soit quelque chose, et mérite un seul de vos regards ? N'est-ce pas ainsi que doit s'exprimer l'âme fidèle en considérant sa misère et l'incommensurable miséricorde du Seigneur ?

Âme fidèle, humilie-toi dans ta poussière, et glorifie le Roi des rois : chante le cantique de Marie : Magnificat, Magnificat. Ton Bien-Aimé a jeté les yeux sur sa servante, et l'a élevée jusqu'à lui !

Oh ! c'est que Dieu n'est pas seulement un monarque juste et bon, il est un père, il est l'époux de l'âme fidèle : et son amour pour elle s'est encore accru, après le divin sacrifice. Il lui a donné la vie, rien ne lui coûte plus : ses trésors lui sont désormais ouverts, il les lui prodigue avec profusion.

Il ne veut pas d'une reconnaissance achetée par la crainte de ses jugements : il veut un amour qui réponde à son amour.

Les hommes végétaient sur la terre : dans leur bassesse, à peine osaient-ils élever leurs regards vers le souverain Maître, et leurs yeux faibles et éblouis, ne pouvaient pénétrer à travers le foyer de l'éternelle lumière. Dieu les regarde, du haut des cieux, au milieu de leur néant ; il ne voit que l'âme fidèle, il n'entend que les élans des cœurs simples et aimants. Dieu les aimait, lui aussi, et c'est lui qui s'abaisse et se fait petit pour s'unir avec ses créatures !

Dieu est bon, plus que bon !

Montchevreuil, 28 Août 1850

Chapitre XXIII.

———

Désirez toujours et priez que la volonté de Dieu s'accomplisse parfaitement en vous.

Et que pourrait donc désirer, en effet, l'âme fidèle, si ce n'est, en toute chose, le bon plaisir du divin Maître ? Pourquoi l'homme serait-il sur la terre, s'il n'était, avant tout, l'humble serviteur du Roi des rois, attentif à le servir, en tout ce qui lui plaît, et comme il lui plaît ? Le temps de l'homme, ne lui appartient pas ; il a été envoyé en ce bas monde pour travailler à la vigne du Seigneur, et il doit accomplir sa tâche, non pas selon ses goûts, mais selon ceux du Maître. Le meilleur ouvrier est quelquefois celui qui a le zèle le moins ardent, ou plutôt le moins entreprenant ; car celui qui en fait peu, mais qui cherche à perfectionner son œuvre, celui-là comprend ce qu'on attend de lui. Or la perfection ne consiste pas seulement pour le Maître dans la manière dont le travail a été accompli par son serviteur, c'est-à dire s'il est réussi à souhait, selon les goûts d'autrui, et même de la majeure partie ; pour lui, il cherche la satisfaction de ses sentiments et de son vouloir, et ne sera content de l'ouvrier que si celui-ci a fait son travail selon le désir qu'il lui en avait témoigné. La route de l'âme fidèle est donc toute tracée ici-bas ; il n'y en a qu'une à suivre pour elle c'est la parfaite et complète conformité et soumission de ses pensées et de ses actions à la volonté du divin Maître.

———— + ————

Montchevreuil, 29 Août 1850.

Chapitre XXIV.

————

Que vous importe ceci ou cela ? Suivez-moi.

Ame fidèle, n'as-tu pas entendu jusqu'au fond de ton cœur cette voix qui t'appelle ? Suivez-moi, te dit le Bien-Aimé ! pour vous j'ai quitté le séjour de l'éternelle gloire ; pour vous, j'ai abandonné mon trésor divin ; pour vous j'ai abdiqué ma puissance infinie ; j'ai dépouillé ma grandeur suprême, et j'ai revêtu votre bassesse. Oh ! ce n'est pas tout encore ! j'ai échangé mon sceptre souverain pour la houlette du Pasteur, et des hauteurs des cieux, je suis descendu sur la terre pour guider mes brebis. Ce n'est pas tout encore ! vous vous étiez traînée dans la fange, et mille souillures vous défiguraient, vous, mon image ici-bas : il fallait un torrent pour effacer ces taches hideuses et dégradantes, et mon sang a coulé ! …… Ses flots vous ont purifiée. Et maintenant je vous dis : Suivez-moi dans le pélerinage de ce bas monde ; suivez-moi, et je vous conduirai au royaume de l'éternelle paix.

Ame fidèle, quelle part t'est faite par le divin Maître ? qu'as-tu à quitter pour lui ? Quels charmes pourraient encore te retenir ? Va, tu abandonneras un monde trompeur

et rempli de piéges cachés sous des dehors séduisants ; tu lais-
seras une voie large et facile, il est vrai, (mais où te mène-
rait-elle ?) pour prendre un sentier étroit et raide, mais qui
conduit dans la demeure de ton Bien-Aimé. Que dois-tu au
monde, qui ne te donne et ne t'offre jamais que de faux plaisirs et de faux éloges ?

Et que dois-tu à la céleste Victime, à ton divin Sauveur ?
Ah ! que t'importe ceci ou cela !
Suis-le.

Montchevreuil, 30 Août 1850.

Chapitre XXV

Votre paix sera dans une grande patience.

Ce n'est pas, en effet, dans la satisfaction entière de
tous ses désirs que l'on trouve la véritable paix ; ce n'est pas
dans l'abondance des biens de la terre, dans les honneurs de ce
bas monde, qu'il faut aller chercher cette paix après laquelle
tous soupirent instinctivement. L'homme perdra un temps
précieux, et le fruit de ses travaux, s'il va quêter dans les
choses périssables le vrai bonheur qu'il souhaite.

Oui, tout est périssable ici-bas, parce que tout ce qui
vient de l'homme, ou lui est approprié, doit mourir comme
lui. Les joies matérielles n'ont qu'un temps : la moindre

vicissitude, les détruit, et ainsi la vie entière se passerait dans une suite continuelle de tribulations, de hauts et de bas dans la fortune.

Pourquoi donc chercher là où l'on sait bien ne pas pouvoir trouver ?

L'homme est si fragile ; il devrait aussitôt que les yeux de la raison s'ouvrent, recourir au seul appui qui ne lui manquera jamais : La religion.

C'est la religion qui apprend à l'âme fidèle, à trouver la réelle félicité et l'inébranlable repos ; et quel en est le secret ? La patience.

La patience dans les luttes, en souvenir du jardin des Olives.

La patience dans les souffrances, en souvenir de la sainte flagellation dans le prétoire.

La patience dans les traverses de la vie, en souvenir de cette vie divine agitée de tant de persécutions.

La patience dans le sacrifice, en souvenir du Calvaire.

Et ainsi dans la parfaite union avec Celui qui fait toute sa force dans le complet abandonnement de soi-même à la suprême volonté et dans la résolution sincère de trouver toujours bonne cette volonté, l'âme fidèle vit heureuse, sans soucis et dans la jouissance sans mélange de la véritable paix.

———————— + ————————

PENSÉES.

A l'occasion de sa prise d'habit.

8 Novembre 1851.

Gagner une indulgence plénière, recevoir notre divin Sauveur, revêtir le saint habit des Filles de la Charité !

C'est trop, en un jour, pour une si pauvre créature, si indigne ! Que le divin Maître daigne seulement abaisser son regard jusqu'à elle. Oui, mon Jésus, je vous ai reçu dans mon cœur, en vous demandant grâce et pardon pour mon indignité. Que vous ai-je dit encore, quelles promesses vous ai-je faites ? Hélas ! mon Jésus, je ne vous en ai fait que trop souvent de ces promesses, et elles se sont évaporées comme de la fumée : le vent des passions et l'esprit du monde les ont emportées. Je vous ai demandé d'attacher, vous-même, sur mes épaules le pauvre et saint habit des Filles de la Charité, et en même temps, d'orner et de revêtir mon cœur des vertus de notre saint état, des vertus dont j'espère avoir un jour le bonheur de prendre l'engagement. Déjà, mon Jésus ! je vous suis unie par le lien le plus intime qu'il soit possible de contracter : quoique bien indigne, j'ose lever les yeux sur mon divin Époux. Vous qui avez fait miséricorde à la femme pécheresse, pardonnez ses égarements à un cœur infidèle, qui veut désormais être tout à vous. Vous savez que je ne puis rien sans votre secours ; mais, vous me le devez, comme un époux le doit à son épouse ; vous m'apprendrez à être douce et humble de cœur, vous m'apprendrez à me détacher de tout, et surtout de moi-même ; à vivre dans le silence des créatures, pour m'entretenir avec vous. Voilà ce que je veux faire avec votre secours. Me manquerait-il ?

Et vous, ma bonne Mère, c'est vous qui m'avez tendu une main protectrice, au milieu de la mer agitée du monde ; c'est vous qui m'avez conduite dans ce saint asile. Maintenant conduisez-moi au port de l'éternité bienheureuse, et que je m'endorme du sommeil du juste, pour me réveiller aux pieds de mon Sauveur.

Jésus Marie ayez pitié de moi !

---

9 Novembre 1851.

Que me dit-il, mon saint habit, depuis que j'ai le bonheur de le porter ?

Il me crie sans cesse, d'une voix douce et suppliante, d'une voix forte et impérative : amour de la vie cachée, amour du renoncement, amour de la mortification, amour de la croix, amour de la vie de Jésus.

Tout à Jésus ! par Marie !

239.

Pendant une retraite
à la Maison Mère.

Samedi, 4 Septembre 1852.

Une volonté me reste heureusement et bien ferme. O mon Jésus! celle d'être toute à vous; toujours, quand même vous me feriez mille fois souffrir davantage. Quand donc, quand viendra-t-il ce beau jour où nous nous retrouverons en vous; et, qu'alors vraiment, nos cœurs, avec le vôtre, ne feront plus qu'un.

Quelle retraite, mon Dieu! vous me demandez beaucoup: oui, toujours oui.

Quelle retraite!..... mon Dieu que cela fait mal.

Je souffre bien, c'est quelque chose qui ronge, qui dévore. Mon Jésus! que votre sainte volonté soit faite et bénie.

Quand donc irai-je à vous pour ne plus vous offenser? Jésus! ô mon Jésus! votre croix, votre cœur!

Est-ce que je vous aime? Oh! oui, n'est-ce pas; faites-moi comprendre si je vous aime.

Aimer, souffrir, mourir!

Dimanche, 5 Septembre 1852.

Si je vous aimais, je serais plus généreuse, plus courageuse, ô mon Jésus! pourtant je veux vous aimer; c'est mon plus ardent désir. Je ne crains pas la mort ; je la souhaite de toute la force de mon âme ; je languis après cet instant, où il me sera enfin donné de quitter ce corps de péché, et où mon cœur ne battra plus que par l'impulsion du vôtre. O mort, que vous êtes longue à venir ; que je vous ferai bel accueil. Alors, adieu le mal, adieu le péché. Toute à Jésus pour l'éternité !

Pour résolution de ma retraite, j'ai pris l'union avec mon divin Époux ; j'y rapporte toutes mes oraisons. Il me semble qu'en effet, c'est la pierre précieuse qui doit le mieux assurer l'édifice qu'il me faut construire. Comment redouter l'arrivée du Juge, à l'heure suprême, lorsqu'une douce et continuelle habitude de sa sainte présence, établit entre lui et l'âme fidèle une sorte de familiarité qui bannit toute crainte.

Unie à Jésus, l'âme est forte pour porter la croix ; clairvoyante pour éviter les écueils ; le regard constamment fixé sur le cœur de son Bien-Aimé, elle assure son coup avant d'agir, et fait bien toute chose.

Mon Dieu, pardonnez à mon pauvre esprit qui, malgré toutes ses pieuses résolutions, vous est aussi infidèle. Mon Jésus ! ma volonté et mon cœur vous appartiennent tout entiers, et ne sont point les complices de ces folles et si cruelles pensées qui me poursuivent, sans me laisser un seul instant de relâche. Si vous êtes un époux tendrement jaloux, qui arrachez, pièce à pièce, de mon misérable cœur toutes les plantes parasites qui y poussent, le démon, lui aussi, est jaloux de ce pauvre cœur, dont la volonté est d'être bien à vous seul.

Mon Dieu, que je souffre ! Oh ! que ce soit pour me purifier des plus légères fautes, des plus petites infidélités. Je serais heureuse de souffrir encore plus, si je pouvais mourir : mourir à moi, mourir à tout, mourir pour aller me perdre dans la fournaise d'amour de votre cœur.

Mon Jésus ! est-ce que je vous aime ? Oh ! faites-moi donc mourir !

Dimanche, 5 Septembre 1852.

Ce soir, mon Dieu, je suis un peu plus calme ; je pense plus à vous, et je cherche à ne prendre nul souci des idées si pénibles que mon ennemi veut glisser entre vous et moi.

J'aime cette parole de la conférence de ce matin : Credidi in spem contra spem. Et moi aussi, je veux espérer que ces épreuves n'auront qu'un temps, que je verrai encore revenir mes beaux et bons jours passés ; mieux encore, et c'est ce que j'espère par-dessus tout, c'est ce qui me console, que j'irai vous trouver, vous mon Jésus, qui me demeurerez éternellement uni, et qui serez mon repos à jamais.

Qu'elles sont heureuses ces deux sœurs, toutes deux Filles de la Charité, toutes deux mourant ensemble, après avoir ensemble travaillé à la même vigne.

Mon Jésus ! pourquoi n'en serait-il pas ainsi pour nous ? S'il vous plaît pourtant, prenez-moi la première, elle sait vous servir, ma sœur ; moi, je ne le sais pas bien ; et puis, je l'aiderais mieux ensuite, et elle serait plus sûre de gagner votre cœur.

Mon divin Rédempteur, demain votre sang adorable va couler sur moi. Ah ! puisse-t-il effacer tout ce qui dépare et souille ma pauvre âme ; puisse alors, ainsi purifiée, mon âme aller avec confiance au festin de l'Époux.

Oh ! Jésus, puis-je si peu vous désirer ! et cependant vous êtes mon unique espérance en cette vie et en l'autre, mon unique trésor dans le temps et l'éternité.

Où est-il ce temps où j'avais soif de vous et de vous posséder dans mon cœur ? Mon Dieu ! qu'il est loin de moi ce temps ; depuis lors, j'ai fait un grand voyage à travers le désert des vicissitudes, sur la mer d'amertume. Où est l'oasis, le port pour reposer ma pauvre âme éperdue et brisée ? c'est votre cœur ; il n'en est point d'autre. Je veux votre cœur ; donnez-moi votre cœur.

Lundi, 6 Septembre 1852.

Aujourd'hui, je suis plus tranquille ; mais si brisée, si fatiguée : je ne sais presque plus penser.

Mon Dieu, pourtant, j'ai besoin plus que jamais de force pour travailler au petit coin du champ du Père de famille : vous me devez des grâces et votre soutien, mon Jésus, comme un époux le doit à son épouse. Moi, je vous dois amour, fidélité et courage :

et je n'ai rien de tout cela ; à peine si j'ose dire que je vous aime.

Ah ! mon Jésus, votre amour est ma vie ; plus que jamais, aussi j'en ai besoin. L'amour est plus fort que la mort : l'amour fait désirer la mort ; la mort est l'union de l'amour pour l'éternité.

Ma Sœur dit qu'elle n'a pas encore trouvé la croix depuis qu'elle est à Vous. Mon Jésus, je ne puis pas en dire autant ; mais je sais que vous ne faites souffrir que ceux que vous aimez ; et je vous rends grâces qu'au milieu de ces cruels moments, par lesquels il vous a plu de me faire passer, vous m'avez donné la force de vous bénir et de soumettre ma volonté. La nature murmure, misérable nature, qu'il me tarde que la mort m'en dépouille tout-à-fait.

Que mon ennemi me fasse une guerre incessante, me livre des assauts continuels, votre croix même est l'égide qui protégera à jamais votre petite servante, votre indigne épouse ; et cette croix bénie, tout en m'accablant, deviendra mon soutien pour m'élever jusqu'au trône de mon Époux.

———+———

Mercredi, 8 Septembre 1852.

Le miracle d'amour s'est opéré ce matin ; la majesté et la grandeur de mon Dieu se sont abaissées jusqu'à mon néant : l'immensité est venue se perdre dans mon cœur, si étroit et si borné.

O mon Jésus, que d'amour à moi ! Est-ce que je vous aime ? Oh ! répondez-moi par grâce.

Que je voudrais donc être une de ces heureuses âmes, appelées cette nuit à jouir enfin de Vous.

C'est bien long d'attendre ainsi, lorsque presque chaque jour quelqu'une d'entre nous, va se joindre au chœur des vierges à la suite de l'Agneau. Quand donc mon tour aussi, viendra-t-il ?

Je ne sais ce que j'ai aujourd'hui ; la tempête m'a tellement éprouvée qu'il me semble maintenant être comme un naufragé qui cherche à se maintenir sur la planche de sauvetage : tantôt il croit la saisir, une nouvelle vague l'en éloigne ; et ainsi ballotté par les flots, il surnage avec peine, et sent ses forces l'abandonner peu à peu.

Oh ! mon Jésus, pour moi, la planche du salut, il me semble que c'est votre croix ; Ah ! laissez-moi si fort la serrer que de nouveaux orages ne puissent pas m'en séparer.

Le phare, dont la lumière guide mes efforts, c'est le foyer brûlant de votre cœur ; c'est là que je veux arriver. Mais sans vous je ne le puis, je n'ai guère plus de forces. Jésus ! vous êtes mon espérance ; faites-moi mourir pour aller vivre en vous.

C'est ici le lieu de mon repos ; je l'ai choisi et je ne le quitterai jamais.

245.

Dans cet asile mystérieux, l'âme inondée d'ineffables délices,
s'abandonne en paix au doux sommeil de l'amour.

Si vous voulez me trouver, écrivait St Elzéar à Ste Delphine,
venez me chercher dans cet aimable cœur.

La vie est à mon goût d'une amertume extrême;
Est-ce vivre, Seigneur, que de vivre sans vous?
Si l'amour que je sens est doux!
Le terme hélas! n'est pas de même.
Le faix rude et pesant, m'empêche de courir;
Et toujours loin de ce que j'aime,
Je me meurs de regret de ne pouvoir mourir.

(Sainte Thérèse).

Jeudi, 9 Septembre 1852.

Hélas! mon Jésus, quelles résolutions puis-je prendre
après une semblable retraite? je n'ai qu'à m'humilier sous la
main qui me frappe justement. Si j'étais venue vous chercher
vous seul, vous n'auriez pas détourné de moi votre visage; et
votre rigueur si méritée m'est encore une preuve de plus de
votre amour. Oui, vous me voulez tout entière, et vous voulez
régner seul sur le cœur de votre indigne épouse. Pourtant ce
misérable cœur s'est bien donné à vous, et il est trop heureux,
pour songer jamais à se reprendre; mais il est si faible!

Eh bien! mon Jésus, que cette même main qui s'appesantit

aujourd'hui sur moi, me devienne encore secourable, qu'elle m'aide à me relever et qu'elle me soutienne, afin que je ne faiblisse plus.

Plus que jamais, je ne veux que vous, mon Jésus ; c'est cette union intime avec vous, ce détachement de tout, pour n'être qu'à vous, et cette soumission entière à votre très sainte volonté que je vous promets fermement de pratiquer, selon la mesure de mes forces.

Et, ainsi, mon bon Maître, unie toujours à vous, et ne faisant mes actions que pour vous et par vous, je ferai tout bien, dans la seule et pure intention de plaire à votre divin cœur, et de le dédommager de toutes mes infidélités passées.

Oh ! que j'ai souffert aujourd'hui, et que je souffre encore ! Mon Jésus ! mon Époux ! il me semblait, il y a quelques jours à peine, que je vous aimais tant ; et maintenant, je n'ose pas me le demander.

Que j'ai grand besoin de votre amour et de vous aimer ; c'est ma vie ici-bas, comme ce sera ma vie éternellement là-haut. Oh ! faites que je vous aime, que ce soit un feu qui achève de consumer mon corps et toutes ses passions : que votre amour me fasse mourir. Et tant qu'il me faut languir encore après vous, aidez-moi, soutenez-moi toujours, ne m'abandonnez jamais.

Il faut que je vous prouve que je vous aime, et, sans vous, je ne le puis. O Jésus !..... O Jésus, ô ma vie !

Aimer, souffrir, mourir !

———————— ǂ ————————

Vendredi, 10 Septembre 1852, 3 heures.

O mon Dieu, que vous êtes bon pour votre indigne créature, ce matin, j'étais dans l'affliction, et ce soir vous changez mes pleurs en joie. Et que puis-je faire, mon doux Jésus, pour vous témoigner ma gratitude ? Oublier le plus possible les créatures, et chercher à me faire oublier d'elles, pour n'être vue que de vous seul.

Merci, mon Bien-Aimé : c'est une faveur de plus, d'être appelée à travailler à l'œuvre chérie de notre bienheureux Père. J'en suis bien indigne, si j'étais seule à remplir cette tâche ; mais vous, mon divin Époux, vous serez avec moi. Je vous verrai au milieu de ces enfants ; je m'efforcerai de vous faire connaître, aimer et servir par elles, et de faire de leurs jeunes cœurs autant de foyers d'amour et de ferveur.

Dimanche, 12 Septembre 1852.

J'ai eu une déception qui m'a un peu contristée hier, mon Jésus ; j'espérais être à même de parler quelquefois de vous aux enfants qui deviendraient mon partage. Je vois qu'il faut y renoncer ; mais sans doute, j'y gagnerai de deux façons : d'abord je serai plus seule avec vous, et ainsi mon âme, unie à son Bien-Aimé, se détachera de plus en plus de tout ce qui est créé, et commencera à vivre de la véritable vie ; puis, d'un autre côté, je rends à ces pauvres enfants des soins répugnants aux yeux du monde ; mais qui me semblent bien doux, et me sont une immense satisfaction.

Oh ! vraiment, mon Jésus, vous êtes trop bon de m'avoir mise à même de mener enfin cette vie toute cachée en vous qui m'est si nécessaire et si précieuse.

La maison est bien grande ici [1] ; mais que m'importe ?

J'aime le petit coin où je dois me tenir toujours en votre sainte présence, travaillant pour vous et avec vous, et m'entretenant sans cesse avec vous, ô mon divin Époux. Et puis quand je reverrai ma petite Sœur, je lui répéterai ce que vous m'avez dit ; je lui avouerai mes manquements, et aussi j'espère bien avoir à lui faire part de quelques petits profits, qui seront toujours également partagés entre nous deux, n'est-ce pas mon Jésus ? Elle et moi, nous ne faisons qu'un dans votre adorable cœur ; nous travaillons et nous vous aimons l'une pour l'autre, et pour vous seulement.

———✚———

Jeudi, 16 Septembre 1852.

Mon Dieu, le corps et l'âme souffrent bien : je ne puis rien faire ; la moindre chose me fatigue ; je m'ennuie ; je suis triste et pourtant toujours plus désireuse de me soumettre en tout à votre volonté sainte.

---

[1] La maison de Charité de la paroisse St Laurent, où il était décidé dès lors que Sœur Berthe entrerait après son séjour à Fontainebleau.

249.

Ma petite sœur me manque plus que jamais pour parler de vous. Ah! qu'il me tarde d'aller vous trouver, mon Jésus; là, dans votre cœur, rien ne saura plus vous séparer de moi, et puis j'y appellerai vite ma sœur.

Mon Jésus! je vous aime.

----+----

Vendredi, 17 Septembre 1852.

Mon Bien-Aimé vous m'êtes comme un petit bouquet de myrrhe.

Que je souffre!......

----+----

Lundi, 20 Septembre 1852.

La journée d'hier a été bien pénible; aussi mon Jésus, je vous l'avais offerte, toute pour ma petite sœur. Le soir un rayon d'espérance est venu ranimer un peu mon pauvre cœur. N'est-ce pas, mon divin Jésus, n'est-ce pas, ma Sœur et moi, nous vous plaisions là bas, et vous arrêtiez sur nous vos regards avec une amoureuse complaisance? Elle m'aidait tant à vous aimer et à vous prouver mon amour; et maintenant, je l'avoue, elle me manque tous les jours davantage pour me soutenir.

Mon Bien-Aimé, je suis toute à Vous; si je regrette ma petite sœur, c'est qu'elle était mon ange gardien: mais,

nous ne nous aimons que pour vous, et en vous, et je préfére-
rais mille fois ne jamais me retrouver avec elle, que de
contrister votre cœur qui est notre unique trésor à nous
deux.

Jésus ! mon Époux, je vous aime !
Je souffre ; quand donc mourrai-je ?

———————— + ————————

Mardi, 21 Septembre 1852.

————— + —————

Mon Jésus ! tout ce que vous voulez ! Que je souffre,
c'est une torture qui ne me laisse pas une seconde de répit.
Mon Dieu ! soyez béni dans tout ce que vous m'im-
posez.

———————— + ————————

A une de ses compagnes.

Vendredi, 24 Septembre 1852.

A Dieu! à Jésus! à la vie à la mort! Tout en lui, tout pour lui. Que nos cœurs soient un avec son cœur.

Samedi, 25 Septembre 1852.

Quel instant, ma Sœur, celui où réellement nous nous réunirons dans cet adorable Cœur, après lequel nous languissons. C'est alors que nous pourrons oublier le passé, pour jouir de notre amoureuse union en lui et avec lui. Rien ne saura plus alors nous séparer, son doux regard effacera toutes les souffrances, toutes les épreuves de cette triste vie; sa main nous bénira toutes deux ensemble; ses bras nous seront pour toutes deux ouverts, et nous partagerons son divin Cœur, comme ici-bas nous partageons les croix qu'il nous envoie.

Je souffre beaucoup, petite Sœur; je souffre mal, mais je suis heureuse pourtant de souffrir pour lui, et je ne voudrais pas que même vous, m'en ravissiez la plus petite part; d'ailleurs ce que je souffre, je l'offre pour vous: tout étant en commun, la récompense le sera aussi, n'est-ce pas?

252.

Mercredi, 29 Septembre 1852.

Ce matin, ma Sœur, j'ai fait pour vous la sainte Communion ; et vous, je le sais, m'aurez donné la moitié de votre jouissance. Laquelle de nous deux aura reçu son divin Époux avec le plus d'amour ? Hélas ! puis-je bien me faire une semblable question, et ne suis-je pas trop heureuse de cette part qui m'est abandonnée et qui me dédommage de ma froideur et de mon indifférence ?

O ma Sœur, aimez-le pour moi ce Dieu si bon, si doux, si tendre, ce Jésus si beau, si plein de grâces ; cet Époux dont le cœur bat d'amour et soupire après nous.

Oui, ce matin, notre Bien-Aimé est venu en nous ; il s'est fait nous. Oh ! que ne puis-je dire que par un semblable échange, je suis devenue un autre lui-même ! Et pourtant il n'est que trop vrai, malgré cette miraculeuse et amoureuse union de sa chair avec notre chair, de son sang avec notre sang, nous restons nous-mêmes, aussi misérables, aussi faibles, aussi insensibles.

O Jésus ! notre amour, notre vie ! que votre amour même soit le feu qui consume cette triste vie de nos corps, et qu'il soit aussi le flambeau qui allume en nos âmes cette autre vie qui est vraiment celle de vos élus, celle de vos épouses.

Brûlez de ces divines flammes, petite sœur, je le

demanderai pour vous à Celui qui daigne s'abaisser jusqu'à mon néant.

Toutes deux, nous sommes à lui et ne voulons que lui, que l'ardeur de son amour dévore en nos cœurs toutes les mauvaises petites plantes de nos jardins ; travaillons aussi sans relâche à les en arracher, afin que lorsque notre Époux viendra visiter ses bien-aimées, il les trouve vraiment comme un jardin fermé, paré de mille fleurs et exhalant les plus suaves parfums.

✝

1ᵉʳ Octobre 1852.
Vendredi du Sacré-Cœur.

Que n'avons-nous, ma Sœur, les voix des Anges et de tous les esprits bienheureux pour chanter les louanges du Cœur de notre Bien-Aimé ; pour célébrer les grâces et les merveilles de cet abîme d'amour.

O cœur de mon Jésus, que vous êtes aimable et que vous êtes peu aimé ! que vous êtes suave, et que l'on vous goûte peu ! que vous êtes grand et noble, et que l'on vous méprise ! que vous êtes beau et resplendissant, et qu'à peine l'on vous regarde !

S'il nous était donné, ma Sœur, de pénétrer dans ces mystérieuses retraites, où son amour nous invite et nous attend, et où nous ne savons le suivre ! Hélas ! que de fois ce divin Époux de nos âmes, reste-t-il seul à soupirer après nous, à languir de désir et d'impatience ! Et nous ? nous, où sommes-nous alors, et pourquoi restons-nous sourdes à son appel, si tendre, si touchant ?

Quelquefois je pense à lui ainsi abandonné dans ces pauvres petites chapelles de village, où souvent, bien souvent les jours succèdent aux jours, les semaines aux semaines sans que la voix d'une seule de ses créatures vienne lui adresser son tribut d'hommages, et pourtant Lui, Lui, il demeure toujours là sans se plaindre, et toujours de loin bénissant les ingrats qui l'oublient, et d'autres fois encore souffrant et pardonnant tout ensemble les outrages, les blasphèmes, les profanations, les sacrilèges dont ses temples sont le théâtre, et dont lui-même est l'objet.

Et nous, nous, ses indignes épouses, ne devrions-nous pas nous consumer de ferveur et de zèle pour servir cet adorable Maître, pour le dédommager au moins par l'ardeur de nos prières de tant d'indifférence et d'impiété.

Mais nous-mêmes que de fois frappe-t-il à la porte de nos cœurs sans que nous lui ouvrions ! que de fois sa douce voix, nous appelle-t-elle sans que nous lui répondions ! O ma sœur, redoublons d'efforts pour triompher de notre langueur et de notre insensibilité ; aimons, aimons un peu Celui qui brûle pour nous de tant d'amour ; aimons-le pour lui, pour adoucir les plaies que l'ingratitude des hommes fait à son divin cœur ; aimons-le pour nous, pour calmer nos souffrances et charmer notre triste exil.

255.

Lundi, 4 Octobre 1852.

La croix est l'aimant de l'amour, la croix est le trésor des épouses de Jésus-Christ : c'est l'anneau nuptial qu'elles reçoivent au jour solennel et béni de leur union ; c'est le sceau indissoluble de l'alliance qu'elles ont contractée avec l'Agneau divin.

Et nous aussi, ma Sœur, nous le possédons, ce gage de la tendresse de notre Époux ; en daignant accepter l'offrande que nous lui avons faite de tout nous-même ; il nous a revêtues de sa livrée de souffrances et de misères ; il nous a marquées du signe de son doux esclavage, et aussi nous a fait présent de la parure de noce qu'il donne à ses bien-aimées.

Mais, ma Sœur, comment goûtons-nous ce précieux don ? Comment portons-nous la couronne dont il nous a ceint le front ?

Que de fois, ma Sœur, au milieu des épines cherchons-nous des roses ; que de fois éloignons-nous nos lèvres du calice qui nous est présenté ; que de fois, accablées sous le fardeau, nous laissons-nous aller à un lâche repos, dans la route de la perfection et de la céleste patrie.

Courage, petite Sœur ; je vous répéterai ce que vous m'avez dit, avec tant de raison : « En disant toujours que nous ne voulons que sa volonté sainte, trop souvent nous ne souhaitons que l'accomplissement de nos désirs, et tout en acceptant la croix, nous cherchons à l'alléger le plus qu'il nous est possible. »

Vous le savez bien ; ce ne sont pas ceux qui disent Seigneur,

Seigneur, qui entreront dans le royaume des cieux ; mais seulement ceux qui feront la volonté de son Père.

Que l'entière et parfaite soumission à cette volonté sainte soit donc la règle de toute notre vie, et de toutes nos actions.

L'épreuve est cruelle, vous savez ce qu'elle me fait souffrir ; demandez à Dieu, ma Sœur, que j'y demeure ferme jusqu'au bout : que si par moment je fléchis, sous le poids de cette lourde croix, qu'à son exemple, son amour me relève et ranime mes forces, pour parvenir au terme du sacrifice ; demandez-lui que mon cœur et mon âme soient profondément pénétrés de ces paroles, que nos lèvres murmurent souvent si froidement : « Mon Jésus ! mon amour, et mon tout, que votre volonté soit toujours la mienne et toujours bénie jusqu'à mon dernier souffle ! »

Aimer, souffrir, mourir !......

Mercredi, 6 Octobre 1852.

Oh ! oui, ma sœur, il faut souffrir et mourir bien des fois avant que réellement le beau jour de l'éternité bienheureuse vienne à luire. Ce matin il m'a semblé que l'on m'arrachait le cœur, ou plutôt que ce pauvre cœur était cloué à la croix par un fer aigu et brûlant. Jésus que j'ai souffert !.....

Et vous, ma Sœur, vous aussi avez souffert avec moi,

puisque votre moitié avait été offerte comme toujours à Celui qui nous dispense ainsi ou peines ou consolations, suivant nos besoins et son bon plaisir.

Cette journée est donc bonne, car la nature a été brisée et foulée aux pieds, le cœur a été broyé, et la pauvre âme anéantie et éperdue, ne sait, au milieu de cet orage, où aller se réfugier.

Il y eut un temps où elle savait se trouver un asile, un sûr abri ; (vous y alliez aussi, ma sœur, dans cette caverne mystérieuse où la tempête ne pouvait nous atteindre, dans ce Cœur tout secret et tout amoureux de notre divin Sauveur,) mais aujourd'hui, j'ai beau chercher, je ne sais plus en trouver l'entrée, et je demeure sans refuge, exposée à tous les vents qui se déchaînent autour de moi et m'accablent.

Je suis comme une pauvre petite hirondelle qui, sur la fin de l'été, abandonne la bande voyageuse de ses compagnes de route, pour voir, encore une fois, le pays qu'elle doit quitter et où elle a passé de si beaux jours ; surprise par l'orage, la pauvrette, tantôt rase la terre, tantôt cherche en s'élevant dans l'air à reprendre son vol pour rejoindre la bande à laquelle son destin l'a unie ; mais ses ailes mouillées ne peuvent plus la soutenir ; après quelques efforts elle succombe, et va dans un petit creux de rocher, terminer une courte et triste vie, loin de ses sœurs, loin du nid qu'elle s'était bâti.

Vendredi 8 Octobre 1852.

———

Il y a maintenant deux ans, ma sœur, j'entrais au postulat; deux heureuses années, les plus heureuses de ma vie, malgré les orages qui les ont traversées.

Je souffre cruellement, ma sœur, mais j'appartiens à notre Jésus, et souffrir pour lui vaut plus que toutes les joies du monde ; et d'ailleurs n'est-ce pas ce que nous souhaitions un certain soir de cet hiver, soir que je n'oublierai jamais, où, pour Lui, nous fûmes toutes deux traitées d'orgueilleuses et tournées en ridicule. Quel bonheur nous avons goûté, ce soir là, à endurer toutes ces railleries : oh ! oui, nous étions alors trop heureuses.

Eh bien ! petite sœur, sans doute notre Bien-Aimé a entendu nos souhaits et nos prières; jaloux et impatient de nous presser sur son divin Cœur, aussitôt que la mort nous aura délivrées de ces corps de péché et nous aura ouvert les portes de l'éternité, il purifie ici-bas nos âmes dans le creuset des souffrances, et bientôt, alors, ces deux âmes chéries de leur Époux, passées au fer et au feu de l'épreuve, s'enlèveront vers lui, brillantes d'un pur éclat, dégagées des moindres liens des plus petites attaches à la nature corrompue.

C'est vendredi aujourd'hui, petite sœur. Voilà près de quatre mois que je suis privée de bien des exercices de nos saintes

Règles. Tenez, venez un instant dans notre cher cabinet de la classe. D'abord, ma sœur, je m'accuse à vous de me laisser aller à des accès de telle tristesse que je perds complétement la pensée de la sainte présence de Dieu, et que, même à la chapelle, je suis de corps seulement à l'oraison ; mais que mon esprit est bien ailleurs, et cela par mon peu de courage et d'amour pour mon Jésus. Ensuite, je me laisse bien souvent aller à manquer de charité dans mes paroles ; l'autre jour, à ce sujet, une enfant de l'ouvroir m'a donné une bonne leçon sans s'en douter : eh bien ! j'ai été contente de la recevoir, et je remercie mon ange gardien de me l'avoir fait comprendre. Vous voyez, ma Sœur, que j'ai bien besoin de veiller sur moi ; priez donc, s'il vous plaît, Notre-Seigneur qu'il me pardonne.

À présent si vous voulez que je vous fasse la charité, j'ai pensé que puisque vous venez de reprendre vos classes, vous deviez vous attacher tout particulièrement à remplir cet office avec un véritable esprit de foi, qui seul peut soutenir et donner du courage, pour supporter bien des ennuis et des petits désappointements d'amour-propre qui se rencontrent si souvent, dans l'emploi de maîtresse d'école.

Vous avez surtout, ma sœur, grand besoin de patience avec vos enfants, pour les gronder moins vivement, et moins haut ; pour ne pas trop laisser paraître votre mécontentement, quand certains exercices de la classe vont plus ou moins selon votre désir, ou si, également, les enfants répondent plus ou moins à la peine que vous prenez pour leur faire entrer quelques chiffres et quelques règles dans la tête.

Lorsque vous faites l'instruction, votre cœur et votre piété y trouvent leur satisfaction, et il ne vous est pas difficile, alors, d'être calme ; mais quand il s'agit d'un problème ou autre chose semblable, vous commencez à vous émotionner, et en laissant voir votre ennui, vous ne faites que fermer davantage l'entendement des enfants. Faisons un arrangement, petite sœur, l'exercice de calcul à votre classe sera ma part entière ; vous tâcherez d'y faire bien des efforts et des progrès en patience, et j'y gagnerai double ; cela est convenu, n'est-ce pas ?

Laissez-moi encore vous prier de prendre toujours avec humilité et bonne humeur les petits déboires que vous aurez à endurer au catéchisme de la paroisse. J'ai vu plus d'une fois que ma chère petite sœur, y était un peu trop sensible, et s'inquiétait trop des paroles, plus ou moins flatteuses ou piquantes, qui étaient adressées aux enfants ou à la maîtresse.

Et maintenant, il me semble que je vous ai prêché un peu trop longtemps ; et puis comment osé-je bien m'arroger ce droit, surtout au sujet des classes, moi qui n'ai pas su travailler à ce pauvre petit coin du champ du père de famille, qui m'avait été confié ? Enfin petite sœur, je vous le dis comme je sais que vous le prendrez, et que vous me l'auriez demandé ; comme sœur à jamais dévouée et qui ne souhaite et ne cessera de demander pour vous autre chose, sinon que l'amour de notre Bien-Aimé vous consume, et que le zèle de sa gloire vous anime, jusqu'à votre dernier souffle, au salut et à la perfection des âmes, des nôtres deux en particulier.

À présent, bonsoir pour aujourd'hui ; quittons le petit cabinet, où j'aime tant à me retrouver de cœur et d'esprit ; allons toutes deux, avec Madeleine, au pied de la croix ; il est bientôt 5 heures notre Jésus va bientôt être remis entre les bras de Marie, recevons-le avec elle, et en même temps que ce précieux dépôt sera déposé dans le tombeau, entrons ensemble dans son adorable cœur et demeurons-y ensevelies, et sur la terre et pour jamais ; pendant toute l'éternité.

Mercredi, 13 Octobre 1852.

Nous disons, nous répétons sans cesse que nous aimons Jésus. Vous me l'avez dit, ma sœur : « L'amour se prouve, « non par des paroles que le vent emporte ; mais par la « fidélité aux plus petites choses. » Et moi, je vous répéterai, encore, qu'il n'y a rien de petit aux yeux de Celui qui s'est fait plus petit que tout pour l'amour de nous.

262.

Qu'il est grand Lui, ma sœur, dans ce sacrement où il
s'anéantit chaque jour, pour venir remplir notre cœur, notre
ingrat et indigne cœur : que de majesté dans cette forme
d'esclave qu'il revêt et dans laquelle il trouve ses complaisances ! Et pourtant à nos yeux que de choses nous semblent
petites et de peu d'importance. O ma sœur, Lui qui nous
promet une si grande récompense pour un seul verre d'eau
donné en son nom, quel compte ne nous demandera-t-il
pas, pour tant de paroles inutiles, dites dans les temps de
silence ; pour tant de manquements à la règle ; pour tant de
souvenirs et de retours vers le monde et son esprit. Que de
fois, lui avons-nous promis, et nous sommes-nous promis
à nous-mêmes, plus de fidélité, dans ces petites choses où
son cœur aime à retrouver nos cœurs, où son amour
cherche la preuve de notre amour. Souvent, ma sœur, les
pauvres qui vont glaner dans les champs, après que les
moissonneurs ont fini leur tâche, bien souvent en ramas-
sant, un à un, les épis épars çà et là, ils finissent par en
former de grosses gerbes, qu'ils ont peine ensuite à traîner
jusqu'à leur logis, et qui fournissent amplement à la
subsistance de la famille. Eh bien ! ma sœur, que leur exemple
nous serve de leçon. Nous surtout qui commençons notre
gerbe, ramassons soigneusement les petits épis de bonnes
œuvres que nos devancières laissent derrière elles; glanons,
fidèlement et patiemment, et à la fin du jour, nous

aussi, nous aurons fait une abondante moisson, et nous arriverons à la porte de notre Époux, courbées sous le poids des gerbes que nous aurons recueillies à la sueur de notre front. Et alors, nous reposant dans son cœur, son doux regard et la tendresse de son amour satisfaits, nous dédommageront avec usure de toute notre fatigue et de toutes nos peines.

Jeudi, 14 Octobre 1852.

La méditation de ce matin est bien faite, ma sœur, pour nous remplir de reconnaissance envers notre divin Maître.

« Et l'ayant regardé, il l'aima! » Et nous aussi ma sœur, il a jeté ses regards sur nous, il nous aime et nous choisit entre mille, pour faire de nous ses épouses, au milieu même de notre vie du monde. De toute éternité nous étions marquées du sceau des élus; et lors même que nous semblions le plus éloignées de lui, c'est alors qu'il nous préparait des places privilégiées parmi le chœur des Vierges. Oui, ma sœur, nous sommes ses bien-aimées et il fait ses délices de demeurer dans nos cœurs. Il nous appelle à sa suite, et nous enseigne la voie sûre pour ne le jamais quitter. Mais il ne suffit pas de renoncer à tous ces vains biens du monde, dont la possession, nous le savons, ne produit pas le bonheur, il faut, avant tout, se dépouiller de soi-même et de tous ces fils presque imperceptibles qui, pourtant, tiennent nos âmes attachées à la terre, et les empêchent de prendre leur essor pour rejoindre leur divin guide. Voilà ce qui coûte le plus. Beaucoup en effet, semblent, à les entendre, prêtes aux plus grands sacrifices : rien ne leur coûterait, disent-elles, pour s'immoler et se dépouiller ; mais tout cela n'est qu'une immolation en belles phrases et en belles paroles, qui se dissipe en fumée lorsque le vent de l'épreuve commence à souffler. Ce vent a aussi soufflé pour nous, ma sœur ; il a fané toutes les petites fleurs que nous avions cultivées ensemble, et a emporté toutes les résolutions de courage dans la souffrance, toutes les protestations de générosité dans les sacrifices, que tant de fois j'avais faites à notre divin Époux. Hélas ! ce n'était pas ce qu'il attendait de moi, lorsqu'abaissant son regard jusqu'à son indigne créature, il l'aima et l'appela à sa suite.

Maintenant, ma sœur, travaillons sans relâche, à semer au pied de la croix, qui nous sépare et nous unit tout à la fois, d'autres graines, qui à leur tour nous donneront des fleurs, et dont nous recueillerons les fruits pour les présenter à notre Époux au jour des noces éternelles.

N'ayons réellement plus pour trésor que sa croix et son cœur ; et alors, pauvres de cette pauvreté qu'il demande de ses bien-aimées, nous serons riches de sa grâce et de son amour.

----- † -----

Vendredi, 15 Octobre 1852.

Ah ! ma Sœur, tout ce jour ne vous semble-t-il pas entendre une voix secrète crier, au fond de votre cœur : « Amour ! amour !! .....

Et moi, j'ose répéter notre devise chérie : « Aimer, souffrir, mourir ! » Amour de mon Jésus, faites notre bonheur, en faisant notre tourment ; faites-nous vivre, en nous faisant mourir.

J'ai commencé pour nous deux une neuvaine à cette grande sainte dont les amoureux serviteurs de Jésus célèbrent aujourd'hui la fête avec tant de joie et de ferveur. Certes une Fille de la Charité, doit-être aussi fervente qu'une fille du Carmel ; mais demander à notre divin Époux son amour par l'entremise de celle qui l'a tant aimé, n'est-ce pas être plus sûre de l'obtenir ? J'en ai la confiance, Thérèse de Jésus ne sera pas sourde à mes prières : ses précieuses reliques, qui reposent sur mon cœur, l'enflammeront de ce feu ardent, dont brûlait le sien ; à vous et à moi, ma sœur, elle nous obtiendra un amour qui nous consume, qui nous fasse mourir, et qui surtout nous réunisse bientôt à jamais dans le foyer du cœur de Jésus.

Mardi, 19 Octobre 1852.

« Lorsque Jésus est présent tout paraît doux ; mais
« lorsqu'il est absent tout semble amer ! » Il n'est que trop
vrai, ma sœur, j'en ai fait la triste expérience, et à présent
je vous plaindrais encore davantage si je savais revenus pour
vous ces jours si pénibles par lesquels je vous ai vue passer
le printemps dernier.

Et pourtant, ma sœur, n'est-ce pas alors que notre
divin Époux, nous traite comme ses bien-aimées ? Épouses
de Jésus, nous sommes devenues les épouses de sa croix. Au
jour trop heureux où à ses pieds, et devant le sacrement de
son amour, nous nous sommes unies à Lui, pour la vie,
alors, sans doute, pleines de joie et d'espérance, nous lui
avons dit et répété que nous devenions siennes à la vie,
à la mort ; dans la bonne comme dans la mauvaise
fortune ; le suivant partout, sans lieu pour reposer
nos têtes, sans pain pour nous nourrir !

Ah ! c'est qu'alors, dans l'ivresse de l'amour, nous
ne songions qu'à Lui, nous ne sentions que Lui ; il faisait
tressaillir tout notre être. Tout nous semblait beau, doux
et riant ; la croix ne nous apparaissait que dans le loin-
tain et rayonnante de la gloire de Jésus, de notre Jésus.
Ah ! qu'il faisait bon là ! pourquoi n'y pûmes-nous élever
une tente ? nous jouissions sans crainte, sans prévoir

l'avenir ; alors nous nous croyions ferventes tandis que Lui seul agissait en nous, et qu'en Lui prodiguant des paroles d'amour, nous obéissions seulement aux mouvements de sa grâce.

Il y en a, et plus qu'on ne croit, qui se flattent d'avoir fait des sacrifices en quittant le monde, d'avoir fait mourir le cœur et la nature, en abandonnant le toit paternel ; enfin qui s'imaginent avoir fait beaucoup pour Dieu, en se consacrant à son service. Elles croient s'être données, lorsque c'est Notre-Seigneur lui-même qui, en les appelant à notre sainte vocation, leur fait le plus beau et le plus riche présent. Pauvres filles ! et où sont donc ces sacrifices ? ces actes généreux et héroïques ? Tout cela, vous a-t-il donc tant coûté, lorsque lui-même vous soutenait, vous guidait, et remplissant vos cœurs des trésors de son amour, n'y laissait plus de place à toute autre affection ? Non, non ; disons-nous le bien : alors nous n'avons rien fait ! pas davantage, non plus, ce jour où il a reçu notre engagement éternel. Alors il était dans notre cœur ; alors, il inspirait nos paroles et notre serment d'amour.

Mais, ma sœur, aujourd'hui qu'il nous présente le calice des épreuves, la croix des souffrances ; aujourd'hui surtout qu'il s'est endormi, comme sur la barque, nous laissant seules, oh ! c'est alors que nous pouvons faire

quelque chose pour lui prouver cet amour dont les protestations sortent si souvent de nos lèvres. Ne laissons pas
perdre cet instant de profiter et de moissonner ; ne reculons
pas devant le fardeau de la croix, devant l'amertume du
calice ; baisons amoureusement la main qui nous frappe,
bénissons la volonté sainte qui nous éprouve. Et alors, alors,
oui nous l'aimerons de cet amour fort et généreux, qui
fait ses délices, et qu'il attend de nous.

—— ✦ ——

Mercredi, 20 Octobre 1852.

Aujourd'hui mercredi, à vous, ma sœur, je m'accuse de
manquer très souvent de simplicité, par mon grand amour
propre ; priez Notre-Seigneur qu'il me pardonne, s'il vous
plaît.

Je puis, peut-être aussi, vous avertir de la même chose
comme plus d'une fois déjà j'en ai eu l'occasion ; et je vous dirai,
ma petite sœur, que depuis quelque temps surtout, que je
m'aperçois manquer à cette vertu fondamentale de notre
sainte vocation, je me suis bien examinée pour en découvrir la cause et les moyens d'y remédier. Pour moi, ce qui
m'empêche d'être simple dans la plupart de mes actions, c'est
mon peu d'humilité, et le grand désir que j'ai de l'estime et
de la bonne opinion que l'on peut avoir de moi. C'est se
leurrer que de taxer de timidité le manque de simplicité

qui est, tout bonnement, de l'orgueil dissimulé et de la recherche; pour moi du moins, ma sœur. Cherchez, quant à
vous, si peut-être les mêmes causes ne produisent pas le
même résultat. Je vous parle bien franchement; mais pourquoi, comme autrefois, ne pas vous faire part des petits profits que j'aurai pu faire en découvrant la racine du mal qui
peut nous en causer beaucoup? La charité entre nous sera
toujours en commun, n'est-ce pas chose convenue? Ne
cherchons vraiment que la gloire de Dieu, et l'accomplissement de nos saintes règles dans toutes nos actions; et
alors nous serons simples vis-à-vis des créatures; et alors
les petits désappointements de l'amour-propre surpris, les
petits actes de déférence et de respect, tout cela ne nous coûtera
plus du moment où nous serons bien humbles et bien rem-
plies de l'esprit de foi, avec lequel nous devons toujours envi-
sager les personnes avec qui nous sommes en rapport.

Lundi, 25 Octobre 1852.

A Dieu, ma sœur, j'ai satisfait à votre désir, et je
suis venue causer avec vous comme nous l'eussions fait
dans notre petit cabinet. Nous aimions tant à y parler de
Lui, à nous animer à son amour et à son service. Maintenant lui seul sait si nous nous y reverrons, et si souvent
nous serons à même d'y reprendre nos pieux entretiens;

qu'il en soit fait selon sa volonté, et tâchons d'y conformer jusqu'à nos désirs.

Je ne sais, ma sœur, s'il me laissera travailler encore à sa vigne ; mais, j'ai l'espoir, qui maintenant me semble une certitude, que bientôt, le beau jour de ma réunion à Lui, luira à mes regards impatients. Le mal qui mine les forces de mon misérable corps, n'est pas de ceux que la médecine des hommes puisse désormais guérir. Je vais traîner quelques mois encore peut-être ; temps bien long pour mon désir de le voir ; temps bien court aussi pour expier un passé si coupable, et pour mériter un avenir d'éternel bonheur.

O ma sœur, répétons-nous le bien, chaque heure, chaque minute qui s'écoule, nous rapproche de Lui, et aussi de cet instant où Il nous demandera compte de notre administration.

L'amour efface tout et purifie tout. Aimons-le donc, ma sœur, oh ! aimons-le d'un amour fort, généreux, aimons-le : vous dans le travail ; consumez-y vos forces, usez-y votre corps ; aimez-le à la sueur de votre front, à la fatigue de vos bras ; vous vous reposerez ensuite dans son cœur.

Aimons-le : moi dans la résignation à sa volonté sainte, et dans le renoncement complet à moi-même.

Aimons-le, toutes deux, dans les souffrances. Peut-on aimer Jésus sans aimer la croix ? n'est-ce pas ce ce que les anges nous envient dans le ciel, ne nous céderaient-ils pas tout leur bonheur s'il leur était donné de pouvoir, eux aussi, se sacrifier, souffrir et mourir pour notre Jésus!

Aimons-le dans la fidélité à notre sainte vocation, à nos saintes règles, à la pratique de nos plus petits devoirs. Aimons-le au milieu des plus rudes et des plus grandes épreuves; aimons-le aussi dans ces milliers de petites épines journalières qui nous blessent à chaque pas, et déchirent quelquefois bien cruellement notre faible nature.

Aimons-le en le faisant aimer, en le glorifiant par notre humilité, notre douceur, notre support, notre charité envers nos compagnes, dont nous sommes les sœurs; envers les pauvres dont nous sommes les servantes.

Aimons-le dans cette petite vie commune, toute simple et toute cachée au monde, où en ne cherchant que Lui, nous serons sûres de toujours le trouver.

Épouses de Jésus, notre premier, notre plus doux devoir est de l'aimer. Épouses de Jésus! O ma sœur quelle grâce, quelle faveur! la méritons-nous? Et n'est-ce pas encore son amour, ingénieux à se prodiguer, qui forme ce lien sacré qui nous unit à Lui? Que n'avons-nous, mille vies à lui sacrifier, mille cœurs à lui donner? Ma sœur, il se contente de peu, et ne demande que ces deux pauvres et si ingrats cœurs qui l'aiment si froidement.

Oh ! que désormais ils soient tout à lui : qu'ils ne battent que pour Lui ; qu'ils ne soupirent qu'après Lui. Tant que je serai encore sur cette terre, je prierai pour vous ; vous, vous travaillerez pour moi ; lorsque mon âme se sera envolée vers Lui, alors je le prierai encore pour que le feu de son amour, consume promptement votre vie, et embrase votre cœur d'une flamme qui ne s'éteigne plus. Et puis aussi, ma sœur, vos prières et votre travail, je les porterai à ses pieds, et je les lui offrirai pour nous deux ; comme je l'espère, je vous obtiendrai la grâce de venir vitement me rejoindre dans son adorable cœur, où Lui et nous ne ferons enfin plus qu'un pour toute l'Éternité.

Aimer, souffrir, mourir ! Sa croix, son cœur et puis rien !

———————— ✝ ————————

Dernières pensées.

Mercredi, 1ᵉʳ Décembre 1852.

Vous m'aimez encore et vous m'aimez bien, mon Jésus! puisque vous m'avez rendu un peu de cette croix bénie qui semblait s'être éloignée de votre servante. Oh! mille fois bénie, soit cette croix sainte qui m'est un gage de votre amour; n'est-ce pas le lit nuptial que vous m'avez préparé, dès le jour où vous avez daigné accepter l'offrande que je vous ai faite de tout moi-même. Oui, c'est là que vous m'attendez, et comment ma misérable nature pourrait-elle se plaindre? un seul de vos regards change la souffrance en douceur.

Il me semble que vous êtes si près de moi, mon Bien-Aimé; j'en suis bien indigne pourtant, mais trop heureuse.

Aimer, souffrir, mourir! Votre croix, votre cœur, et puis rien!!

Vendredi, 10 Décembre 1852.

Jésus! mon Époux, mon Bien-Aimé, je suis toute vôtre aujourd'hui.

LETTRES.

277.

St-Amans, vendredi, 17 Août 1849.

Je me fais une vraie fête de cette journée à passer avec vous ; j'ai beaucoup de choses à vous raconter. En attendant, je veux vous dire, à vous seule, que nos causeries n'ont pas été perdues pour moi ; j'ai voulu suivre vos conseils, et j'ai vu M^r le Curé ; il ne lui a pas été difficile de juger que j'ignorais tout ce que j'aurais dû savoir depuis longtemps et qui est plus utile que toute la science que j'ai pu acquérir dans mon éducation.

M^r le Curé n'a donc pas voulu me permettre de me joindre aux sœurs le jour de l'Assomption ; mais ce que je regarde maintenant comme un bonheur n'est que retardé. Je me suis abandonnée à M^r le Curé, et la bonne volonté ne me manque pas, pour devenir ce que je devrais déjà être. Je vous en dirai plus long mercredi.

Soult-Berg, Samedi, 25 Août 1849.

Vous m'avez demandé le jour et l'heure : mardi à 6 heures.

Je suis contente de n'avoir plus que deux jours ; priez, pour moi, afin que je sois toujours assez forte, pour suivre ferventment la bonne voie, etc.

278.

Soult-Berg, 10 Septembre 1849.

Hier Monsieur le Curé m'a reçue du scapulaire, et je porte le vôtre.

Je ne me reconnais pas encore moi-même.

———————+———————

Soult-Berg, Samedi, 13 Octobre 1849.

Je vous ai quittée hier le cœur bien gros, ma chère J......, j'avais le pressentiment que les véritables épreuves étaient commencées. Dès le soir, j'ai eu une grave explication avec ma mère, non pas sur la grande question, mais sur la religion en général. Dieu m'a soutenue, j'ai été calme et douce, mais bien ferme; et ma mère m'en a beaucoup voulu. Devant elle, je ne veux pas pleurer; seule, je m'y laisse aller quelquefois; mais toujours Dieu me console et me fortifie.

Depuis, nous n'avons plus causé, ma mère et moi. Hier, matin, je l'ai entendue sangloter dans sa chambre; cela me serrait le cœur; mais cela n'affaiblit pas le courage et la force que Dieu me donne. Priez-le beaucoup pour moi, ma chère amie; j'ai bien besoin qu'il me soutienne........ Que j'envie le sort des postulantes qui partent aujourd'hui!

———————+———————

279.

Souli-Berg, 19 Octobre 1849.

Merci, merci mille fois, de la bonne pensée que vous avez eue de faire faire une neuvaine à saint Vincent par les enfants de la salle d'asile ; et c'est à leurs innocentes prières que je dois en partie, je n'en doute pas, le bonheur que j'ai eu avant-hier.

Depuis que je ne vous ai écrit, j'avais eu des épreuves de plus en plus cruelles à supporter ; et nous en étions à être, ma mère et moi, comme des étrangères. Je souffrais plus que je ne puis dire, mais avec l'aide et le secours de Dieu, de Marie et de saint Vincent, j'avais toujours été calme et ferme, dans ces tristes scènes.

Avant-hier, ma mère me fit venir le matin chez elle ; nous eûmes une grave explication, et elle, qui la veille encore m'avait dit : Jamais, elle me promit alors solennellement son consentement.

Elle me demanda seulement de ne pas fixer l'époque. Je lui répondis que l'heure de Dieu serait la mienne et que je la priais, de s'en rapporter à lui, comme je le fais.

Là dessus, nous nous sommes embrassées comme deux pauvres. Dans la journée, nous avons été nous promener ensemble, et elle m'a demandé à aller à l'hôpital : nos sœurs n'en ont pas cru leurs yeux de la voir ; elle a été parfaitement aimable et gracieuse pour elles.

280.

Hier nous avons été à la foire, elle m'a vue acheter, une quantité de choses pour nos sœurs : elle en avait l'air contente. N'est-ce pas, ma chère amie, que c'est un miracle. Demandez bien à Dieu qu'il la ramène tout à fait à Lui.

——————+——————

Paris, 2 Décembre 1849.

Je ne veux pas que vous m'accusiez, ma chère J..... et je profite du bon temps du dimanche, pour venir causer avec vous. Je ne saurais assez vous dire, ma bien chère amie, comme mon cœur se serre, en pensant qu'il y a aujourd'hui quinze jours, j'étais encore avec vous, avec toutes ces personnes qui me sont si chères à St Amans ; le bon temps passe vite !

S'il plaît ensuite à Dieu de faire venir les mauvais jours, je n'ai pas le droit de me plaindre : il fait tout pour le mieux. Enfin croyez que mes regrets sont profonds et sincères, et que vous, vous en avez votre bonne part.....

Maintenant, ma chère amie, il faut que je vous tienne au courant de mes grandes affaires ; je compte assez sur votre affection, pour être sûre que vous y prenez toujours intérêt.

Ma mère a prévenu mon père, dès le soir même de votre arrivée ; et dans cette circonstance encore Notre-Seigneur a montré qu'il était plus que bon pour moi. Je craignais la colère et la résistance de mon père : par la grâce de Dieu, il en a été tout autrement. Il a appris ma détermination avec un profond chagrin, et comme un grand malheur; mais, en même temps, il m'a déclaré qu'il se soumettrait à la volonté de Dieu, et qu'il ne s'opposerait pas à l'exécution de mon désir; seulement, et ainsi que ma mère, il me demande du temps, sans en fixer la durée, et il consent à s'en rapporter beaucoup, sur ce point, au jugement impartial de mon directeur. Il m'a demandé entre les mains de qui je désirais être remise. Je lui ai répondu: «M^r le Supérieur général.» Il doit donc aller, avec ma mère, voir Mr Étienne, aussitôt son retour à Paris; c'est-à-dire demain ou après-demain, ensuite je serai confiée à celui qu'il me tarde d'appeler notre très honoré Père. J'en suis heureuse, car M^r le Supérieur ne se laissera jamais influencer par mes parents; il me dirait aussi bien que je dois attendre, ou même que ce n'est pas ma vocation, qu'il saurait dire, après m'avoir jugée pendant quelques mois; «C'est sa vocation, vous ne devez pas vous y opposer pour cet instant.» Ainsi pleine de confiance en la bonté de Dieu pour moi, et en la bienveillance éclairée et impartiale de notre très honoré Père, j'attends que l'heure sonne où j'aurai enfin le bonheur d'entrer dans cette chère Communauté.

Mais vous ne pouvez vous figurer, chère J....., ce que je souffre d'être ainsi à aspirer à ce moment.

J'ai arrangé ma vie le plus possible en rapport

d'heures de prières avec celle de nos sœurs ; j'y trouve une sorte de consolation, en pensant qu'au même instant, toutes les Filles de la Charité et moi, indigne aspirante, nous élevons nos âmes vers Celui qui est le maître de nos destinées.

Paris, le 6 Décembre 1849.

Monsieur le Curé,

Je n'oublie pas la bonté que vous avez eue de me demander de mes nouvelles, et ma promesse de vous écrire ; j'ai attendu quelques jours, afin de pouvoir vous rendre compte de tout ce qui se serait passé, au sujet des rapports que je désirais avoir avec Mr. le Supérieur Général. Vous avez su, par ma tante, les conversations que j'ai eues avec mon père ; ici encore j'ai vu une grande et nouvelle preuve de la bonté sans bornes de Notre-Seigneur pour une indigne créature comme moi.

Merci encore à vous, Mr. le Curé, qui m'avez conduite pas à pas, dans la nouvelle voie qui s'est montrée à moi, et dont, avec la grâce de Dieu, je ne veux plus dévier. J'ai vu Mr. Gallard, en ami, je lui ai raconté en gros mon histoire ; naturellement, il n'approuve pas la grande chose que vous m'avez fait faire, et dont j'avais si grand besoin. Moi au contraire, je vous le répète, merci de ce premier

coup de cloche, qui a commencé à ébranler tout mon échafaudage de fausse raison, de coupable orgueil et de sophistique philosophie. Oh ! comme maintenant, je me trouve
heureuse de croire et d'humilier cette science dont j'étais
si vaine.

Votre bénédiction m'a porté bonheur, M. le Curé,
et elle m'a soutenue jusqu'au moment où j'ai pu retrouver
un appui. Avant-hier, mes parents sont allés voir M.
le Supérieur ; je n'ai rien su de leur conversation, seulement que je devais aller à Saint-Lazare ce matin. J'y suis
allée, et je suis heureuse d'avoir trouvé un si bon père ; aussi
je lui promets obéissance en toute chose. Il m'accorde une
bien grande joie, celle de faire la sainte communion deux
fois par semaine ; je n'aurais pas osé l'espérer, et je n'en
suis que plus reconnaissante à Notre-Seigneur.

Maintenant, voilà où j'en suis : je m'abandonne à
la volonté de mon Dieu, qui me la manifestera par la
bouche de M. le Supérieur. D'après ce que je puis savoir,
et deviner des intentions de mes parents, je crois qu'ils
céderont à la fin de l'hiver, s'ils voient que c'est bien
Dieu qui m'appelle. Oh ! qu'il daigne donc faire entendre
sa divine voix dans le cœur de mes parents.

Priez pour eux, M. le Curé, et priez aussi pour
moi ; mais, je n'ai pas besoin de vous rappeler la promesse
que vous m'en avez faite, j'y compte et aussi sur le bienveillant

intérêt que je vous prie de me conserver. Quant à moi, croyez que je n'oublierai pas vos bontés pour moi ; je pense souvent aux conversations que nous avons eues ensemble et à vos bons conseils.

Adieu, Monsieur le Curé ; il ne faut pas que je me reporte trop à ce temps passé, car les regrets viendraient vite, et je ne les veux pas ; c'est un sacrifice que j'offre à Notre Seigneur.

Vous m'avez autorisée, Monsieur le Curé à user de votre complaisance, en vous chargeant de petits billets pour ma sœur Louise ; seriez-vous assez bon pour lui remettre celui que je joins à cette lettre ? je vous en remercie d'avance.

Voulez-vous vous charger aussi de mes tendresses pour mes tantes ; j'écrirai à ma tante Louise la semaine prochaine.

Croyez, Mr le Curé, à tous mes sentiments bien vrais de reconnaissance et d'attachement.

Versailles, le 1er Novembre 1850.

Monsieur le Curé,

Je compte sur une indulgence dont j'ai déjà eu la preuve pour que vous ne m'en vouliez pas, de ne pas vous avoir écrit depuis mon entrée au postulat, mais j'ai bien des choses à faire ici.

285.

Vous n'avez pas ignoré la cause de mon silence depuis cette trop fameuse lettre du mois de décembre dernier. Pourtant ce n'était pas faute de penser à vous. En effet, que de gratitude ne dois-je pas avoir pour vous, qui m'avez aidée à sortir de l'abîme ; pour vous, qui m'avez donné de si bons conseils, qui m'ont été si utiles, et me le seront certainement encore. Je n'ai pas pu vous annoncer moi-même la réalisation de mes plus chers désirs ; vous savez qu'il ne m'était pas permis de vous écrire ; mais ma sœur Louise vous en a fait part, et je suis sûre que vous en avez rendu grâces à Notre Seigneur.

Maintenant, M. le Curé, je vous demande de prier toujours pour moi le bon Maître que je veux désormais servir uniquement dans les pauvres.

Je ne puis vous dire mon bonheur d'aller dans les greniers des pauvres malades ; j'aime mieux cela que les visites dans les salons dorés, et puis faire les pansements à la pharmacie. Oh ! tout cela fait ma joie !

C'est, pourtant à St Amans que j'ai appris à connaître le bon Dieu et à aimer son service. Merci, ah ! merci.

Voulez-vous accepter, M. le Curé, une petite image, pour ne pas m'oublier. Pour moi je pense bien à vous, surtout en lisant dans les livres que votre charité a donnés à mon ignorance.

Croyez-moi votre dévouée ;

286.

Versailles, 2 Juillet 1852.

Ma chère Tante,

Tant de choses se sont passées pour moi depuis quelque temps, que c'est la meilleure excuse à mon silence prolongé.

Vous savez combien j'ai une dévotion toute particulière au Sacré-Cœur de notre divin Maître, eh bien, pendant le mois qui lui est consacré, je puis dire qu'il m'a traitée en privilégiée, puisqu'il m'a demandé de si pénibles sacrifices.

D'abord, chère tante, le départ subit de notre mère Mazin, qui est vraiment ma mère, et qui me le témoigne encore tous les jours, quoique de bien loin!

Cette séparation, à laquelle je ne m'attendais pas, me fut un profond chagrin; celui de notre mère que je voyais si poignant augmentait encore le mien.

Au milieu de cette épreuve vint fondre sur moi et les miens, celle si cruelle de la mort de mon pauvre père; il me semblait avoir reçu comme un coup de massue sur la tête; je ne pouvais comprendre la réalité, quoique le voyant sans vie, et que, peut-être la seule de ma famille, j'eusse toujours jugé son état désespéré:

Toutes ces secousses ont achevé de détraquer ma petite personne qui n'était déjà pas bien vaillante; je gardai le lit trois semaines avec une fièvre presque continue; on me mit emplâtre devant et derrière. Je prends les eaux bonnes, mais j'ai la poitrine si fatiguée que le médecin déclara positivement que je ne pouvais pas continuer la classe.

Ce n'aurait encore été que la moitié d'un sacrifice; mais les offices étant tous occupés à Enghien, nos très honorés Supérieurs décidèrent mon changement, qui (après avoir traîné six semaines) a eu lieu vendredi dernier. Notre très honoré Père, pour diminuer la peine bien vive et bien naturelle que j'éprouve de quitter mes bonnes et chères compagnes, a eu l'extrême bonté de vouloir absolument que je fusse placée dans la maison où j'ai postulé, et surtout, ce qui me console le plus, avec ma sœur Blanc, que je me souhaitais tant à Enghien, après notre mère. Je retrouve dans elle, ce que j'avais perdu avec notre bonne mère: un cœur et un esprit qui comprennent comment j'aime Notre-Seigneur, et comment il me semble que je dois le servir. Pourtant, il faut à ma sœur bien de la charité pour moi, depuis que je suis avec elle, car je suis encore si triste d'avoir quitté mes compagnes et mes enfants de là-bas, que je fais ici une mine toute maussade.

Si vous saviez, ma tante, comme j'aime peu Notre-Seigneur, tout en le lui répétant si souvent; je suis si peu courageuse et généreuse pour souffrir; et, quoiqu'en paroles j'accepte ces épreuves et je les lui offre, la nature murmure bien et ne soumet guère. Mon refuge est toujours le Cœur de mon Jésus; je voudrais pouvoir m'y cacher toute entière, et m'y consumer le plus vite possible. Mon Dieu qu'il me tarde de le voir réellement ce divin Cœur, d'en sentir les battements et de m'y plonger pour une éternité de jouissances.

Il y a des moments où l'on sent si bien et si fort, des moments où le cœur bat à rompre la poitrine, où il semble qu'on ne peut plus respirer; alors aussi on se croit capable de tout supporter avec résignation, presque avec joie. Et puis, quand le Bien-Aimé détourne un instant son visage, lorsqu'il cesse de soutenir de sa main, oh! quelle faiblesse alors. Priez bien pour moi, chère tante. Je ne dirai jamais non à la volonté de mon divin Époux, mais demandez bien que je dise toujours: Oui, avec amour.

Vous serez bien satisfaite de me savoir avec ma sœur Blanc; pour moi, si nos Supérieurs en me retirant d'Enghien m'eussent demandé avec qui je désirais aller, vous pensez que je ne pouvais souhaiter d'autre petite mère. Je tâcherai de lui être bien obéissante, et j'espère qu'elle me rendra bonne Fille de la Charité.

Notre très honoré Père me disait avant hier, que tout doit être extraordinaire dans ma vocation, jusqu'à la fin de ma vie; aussi, ce changement, avec toutes ces phases, est un des plus incroyables qui aient eu lieu. Depuis, ma destination avait deux fois été fixée pour d'autres maisons de Paris, lorsqu'il semble qu'une inspiration subite, sans que j'en eusse jamais soufflé mot, a inspiré une de nos directrices de parler de ma sœur Blanc, et aussitôt notre Père a déclaré au conseil qu'il voulait que j'aille avec elle, parce que j'y serais mieux que partout ailleurs.

A présent, demandez à Notre-Seigneur ou que je me rétablisse, pour que je puisse servir les pauvres et remplir un office ; ou que j'aille bien vite à Lui ; il me tarde tant de le voir pour ne plus le quitter.

Ma sœur m'a mise à la pharmacie ; mais en même temps presque au repos, car je suis bien fatiguée et propre à peu près à rien. Je tousse continuellement, et j'ai souvent la fièvre ; ah ! si elle pouvait, au moins, m'emporter à Dieu.

Ma bonne tante, je vous charge de bien embrasser ma tante Sophie ; souvenirs aux parents et amis.

Je vous aime, et vous embrasse bien dans le Sacré-Cœur de notre Jésus.

———————

Fontainebleau, 18 Octobre 1852.

Ma bien chère sœur Louise,
La Grâce de Notre-Seigneur soit avec nous pour jamais !

Je ne voudrais pas qu'une lettre de moi partît pour St Amans sans un petit mot pour vous. Je dis à la petite mère pourquoi je ne vous avais pas encore répondu ; ne m'en voulez pas ; d'ailleurs je saurais comment riposter.

Vous voilà donc au fait de toutes mes promenades. Oh ! que c'est une triste vie et que cela fait souffrir !

Heureusement, comme me le disait ma sœur Directrice, que cela n'est pas sans mérite devant Dieu. Je l'espère, mon bon Ange, et que grâce, tant à la maladie qu'aux épreuves morales, ma pauvre âme s'envolera vite vers son divin Époux, pour ne plus l'offenser et ne plus le perdre.

Oh ! qu'il fait bon d'être tout à lui, quand on souffre tant ; je ne puis pas vous exprimer tout ce que j'ai éprouvé. c'était cruel, mais c'était pour lui, qui m'aime tant, et je cherchais à prendre de la force en me le répétant sans cesse : la maladie n'est rien quand l'esprit est calme ; au contraire, tout alors est profit, surtout pour ceux qui, comme moi, ne savent pas travailler.

Ma sœur Blanc a été une vraie mère pour votre Berthe ; elle m'a comprise, et elle me plaignait ; vous avez raison de l'aimer et de l'apprécier. Mais ma santé ne m'a pas permis de demeurer à Versailles, où d'ailleurs il eut fallu créer un office, pour que je pusse être occupée ; ma jambe et l'oppression ne me permettant pas de voir les malades.

Priez beaucoup pour moi, et aussi notre chère Columba ; elle sait la confiance que j'ai dans ses prières. Oh ! oui, nos

291.

Sœurs, demandez à notre Jésus qu'au moins si je ne puis pas le servir, je sache un peu l'aimer. J'ai grand besoin de cet amour qui fait battre mon cœur, et qui, j'espère, le fera bientôt mourir, pour ne plus vivre qu'en Jésus, notre seul bien. Depuis que je suis si patraque, je suis souvent privée de la messe, même quelquefois de la sainte Communion : vous voyez que les sacrifices ne manquent pas ; si je savais en faire bon profit !

Il fut un temps où ils m'eussent bien coûté ; à présent je suis si froide ; pourtant je ne désire toujours, et plus que jamais, que deux choses : sa croix et son cœur ; il me donne l'une, mériterai-je l'autre ? Oh ! si je le veux !

Adieu, ma bonne petite amie, je vous aime bien toutes les deux, en l'amour de Jésus et Marie.

————————

Paris, 13 Janvier 1853.

Ma Mère chérie,

Ce ne sont pas des adieux que je viens vous faire ; quand bien même il plairait à la divine Providence de terminer mon pèlerinage sur cette triste terre, ce ne serait qu'un bon à revoir que je vous dirais, petite mère. Oui, à revoir dans notre belle patrie, pour ne plus nous quitter, pour y jouir d'un bonheur sans fin, aux pieds de Celui qui a mis dans votre cœur tant d'amour pour nous. Et bien, chère maman, à vous qui ne vivez que pour nous, qui ne cherchez qu'à rendre notre vie heureuse, je viens déposer dans votre cœur les derniers désirs du mien; puis-je douter d'être exaucée ?...

Je sais que je n'ai rien, dont je puisse disposer; mais chère maman, faut-il vous l'avouer, oh! j'en suis sûre, déjà vous m'avez comprise; en quittant cette terre j'aurais un regret amer si je ne me disais pas que vous satisferez aux vœux que je vais vous exprimer.

Vous savez comme j'aime cette petite maison de la rue de Reuilly, où pour la première fois, revêtue de notre saint habit, j'eus le bonheur d'exercer les œuvres de notre sainte vocation, il me semble que c'est mon petit nid chéri, et puis c'est là aussi qu'en apprenant le sacrifice qui m'était encore demandé de ma chère bonne maman, j'apprenais avec une joie indicible l'immense grâce de sa conversion. Eh bien! dans ce moment, pour compléter l'œuvre des classes et former ainsi dès sa naissance une digue solide au torrent dévastateur du protestantisme, qui menace d'envahir ce pauvre faubourg, on a élevé une salle d'asile pour les petits enfants.

C'est là, maman, cette œuvre de prédilection que mon cœur souffre de ne pouvoir soutenir. Petite mère; que je serais heureuse de penser qu'aussitôt après ma mort vous deviendrez la mère de ces pauvres petits enfants, la protection et le soutien

de leur asile. Oh ! venez, je vous en conjure, venez en aide à
nos sœurs ; si le divin Maître ne veut plus que je le serve
parmi les pauvres, vous, mère chérie, remplacez-moi, en faisant cette œuvre du bon Dieu…. Et si vous ne pouvez pas
tout de suite compléter en totalité ce qui manque pour achever
le paiement de la bâtisse, je vous en supplie, donnez les deux
tiers, la moitié au moins ; Oh ! maman, être de moitié avec
la Providence, quel bonheur ! Comme cet argent serait
béni ! ce serait une bonne semence qui porterait des fruits
dont vous jouiriez avec nous dès cette vie. Et puis, pensez
que chaque matin ces trois cents petits enfants du bon Dieu
prieront pour tous les membres de notre famille : chaque
soir pour tous ceux des nôtres qui ont déjà quitté cette
terre : quelle bénédiction pour notre famille, que ces prières
si pures. Et enfin, petite mère, pour que vous retrouviez quelque chose de moi dans ce lieu où j'ai passé de si heureux jours,
la sœur qui serait à la tête de l'asile porterait toujours le
nom de sœur Berthe, et le nom que vous entendrez murmurer
par toutes ces petites bouches vous serait ainsi bien doux à
entendre. Il apprendrait aussi aux pauvres mères de famille
que la charité chrétienne rapproche toutes les distances sociales,
et que ceux qu'elles nomment les riches des nobles fau-
bourgs, sont trop heureux de les faire jouir du bien que leur
fortune leur permet de faire.

Il me reste encore, chère maman, deux désirs à vous

faire connaître : l'un est une dette sacrée de reconnaissance
que j'ai contractée envers cette petite maison bénie de Saint-
Laurent ; Dieu seul pourra m'acquitter envers nos sœurs, Il
le fera avec usure. Mais, pour leur laisser un souvenir de mon
passage parmi elles, je serais heureuse que vous voulussiez
remettre à ma sœur Lahaie le montant de la pension que
votre tendresse m'en donnée pour faire mes petites charités ; ma sœur Supérieure les fera pour moi, et ma pauvre
âme y trouvera son compte.

Enfin je désirerais que pendant un an, une messe quo-
tidienne fut dite à mon intention, à Saint-Lazare, devant
les précieux restes de notre bienheureux Père saint Vincent.

Maintenant, je le répéterai, en finissant comme en
commençant, je n'ai droit à rien et j'attends tout de vous.

Je dépose mes derniers vœux dans votre cœur. Où
seraient-ils mieux ?

A revoir, à revoir, Mère chérie.

Sœur Berthe

Fille de la Charité.

Un mot à mon frère bien aimé : bientôt, bientôt
donne à ma Mère la douce consolation d'une fille qui me
remplace, et alors, pour souvenir à ta pauvre sœur Berthe,
satisfais le dernier cri de son cœur : Des sœurs, des sœurs
à Montchevreuil.

TABLE.

———

Pages.

———

Préface 3

Notice 9

Journal 59

Réflexions sur l'Imitation de Jésus-Christ . 155

    Livre I 157

    Livre II 190

    Livre III 206

Pensées 235

    A l'occasion de sa prise d'habit 237

    Pendant une retraite à la Maison Mère .. 239

    A une de ses compagnes 251

    Dernières pensées 273

Lettres 275

——— o ———

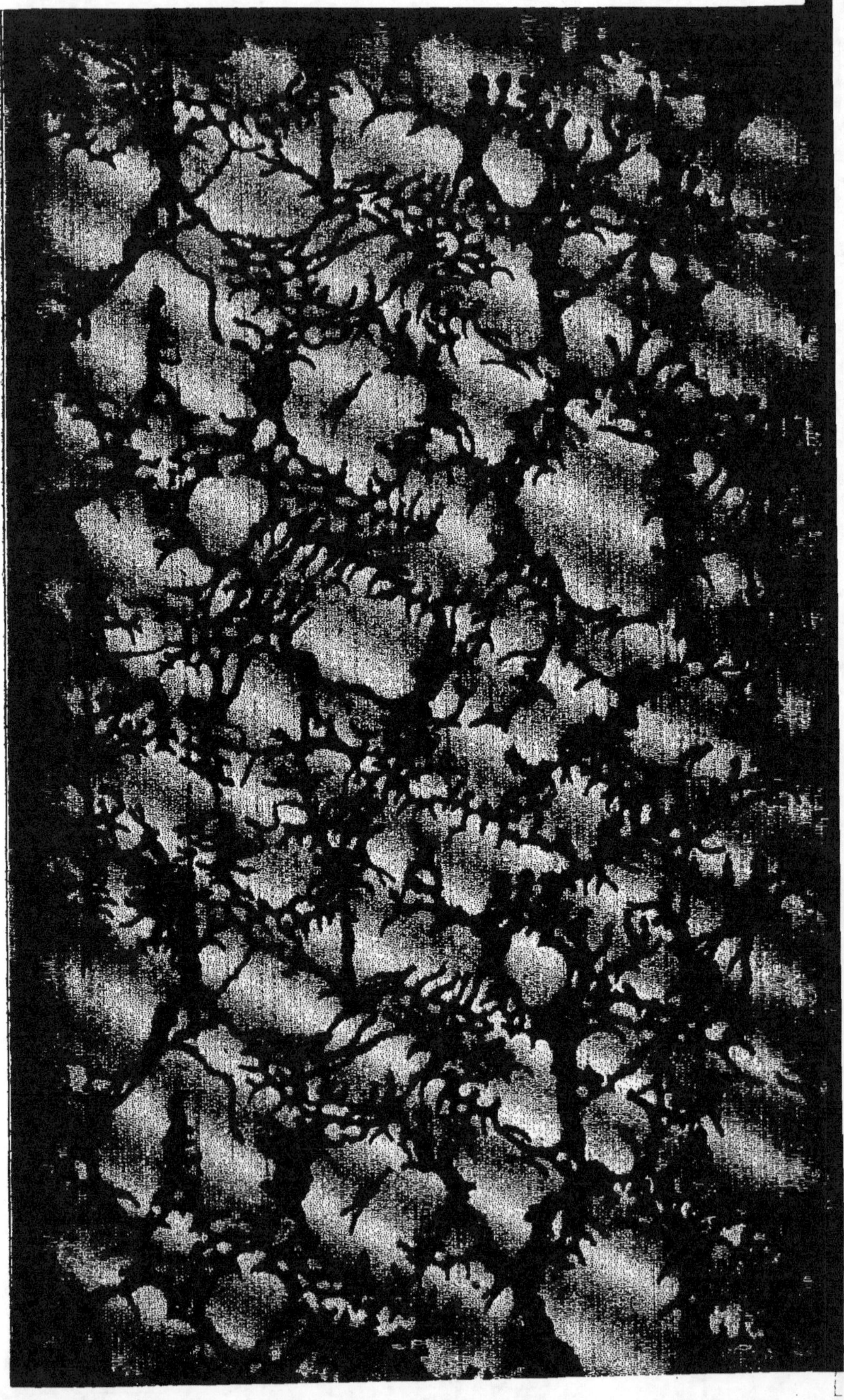

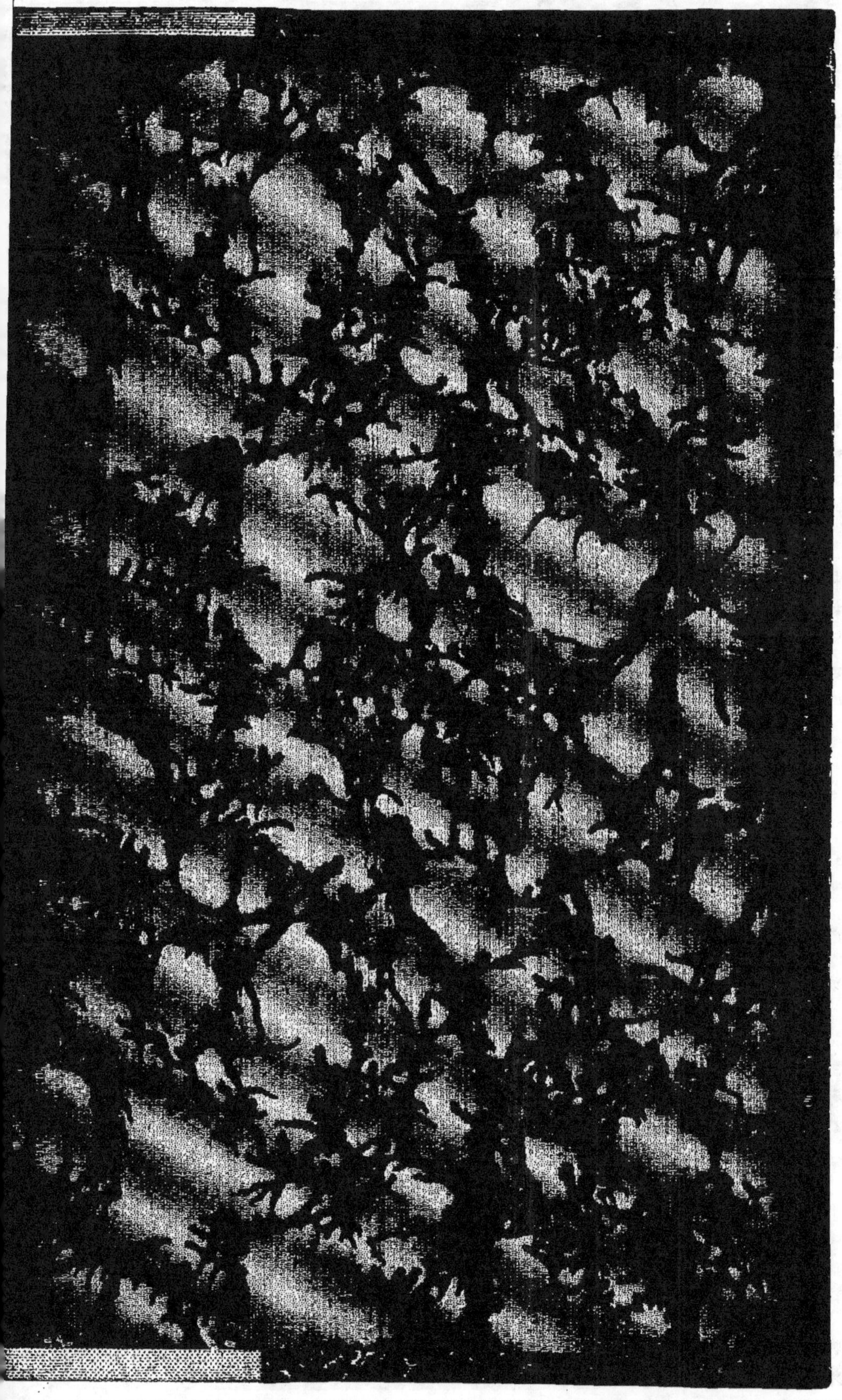

BIBLIOTHEQUE NATIONALE DE FRANCE
3 7502 00995680 8